Der Krieg ist nicht nur die Fortsetzung der Politik, sondern vor allem auch die Fortsetzung des *business* mit anderen Mitteln. Dies demonstriert der berühmte Historiker Felix Gilbert an der Geschichte des Krieges der ›Liga von Cambrai‹ (1509–1517). Gestützt auf langjährige Forschungen in italienischen Archiven entwirft er ein neues Bild der politischen und wirtschaftlichen Beziehungen zwischen dem Papsttum und der Republik Venedig zu Beginn des 16. Jahrhunderts.

Seine brillante Studie zeigt das fintenreiche Zusammenspiel von Militär, Diplomatie, Kapital, Wirtschaft und Verwaltung und erhellt den Kurswechsel der Kurie von der Bekämpfung zur Unterstützung Venedigs im Kampf gegen Frankreich.

Gleichzeitig zeichnet der Autor ein nuancenreiches Doppelporträt zweier großer historischer Figuren, die hinter den Kulissen das Kriegsgeschehen lenken: des Bankiers Agostino Chigi aus Siena, der zum einflußreichsten Kaufmann seiner Zeit aufsteigt, und des Papstes Julius II., der die Kurie zu einem politischen Machtfaktor ersten Ranges macht – und dabei die Chance verspielt, das Papsttum als Haupt der Res Publica Christiana zu etablieren.

Die bayerische Zeitschrift »Das gute Buch in der Schule« urteilte in ihren Empfehlungen für die Bibliotheken der Gymnasien und Realschulen Bayerns: »Dies ist ein großes kleines Buch!... Für ein realistisches Bild des Beginns des 16. Jahrhunderts von hohem Wert!«

FELIX GILBERT, geboren 1905 in Baden-Baden, studierte in Heidelberg, München und Berlin, habilitierte sich 1931 bei Friedrich Meinecke und wurde gezwungen, vor den Nationalsozialisten zu fliehen. Er lehrte von 1962 bis 1975 Geschichte an der Princeton University; 1991 ist er verstorben.

Felix Gilbert

VENEDIG, DER PAPST UND SEIN BANKIER

Aus dem Englischen von
Klaus Blocher

Fischer
Taschenbuch
Verlag

Veröffentlicht im Fischer Taschenbuch Verlag GmbH,
Frankfurt am Main, September 1997

Lizenzausgabe mit freundlicher Genehmigung
des Campus Verlages GmbH, Frankfurt am Main
Die Originalausgabe erschien 1980 unter dem Titel
»The Pope, his banker, and Venice« bei Harvard University Press,
Cambridge/Mass. und London
© 1980 by Harvard University Press, Cambridge/Mass. und London
Die deutsche Erstausgabe erschien 1994 im Campus Verlag GmbH,
Frankfurt am Main
Für die deutsche Ausgabe:
© 1994 Campus Verlag GmbH, Frankfurt am Main
Umschlaggestaltung: Buchholz/Hinsch/Hensinger
Gesamtherstellung: Clausen & Bosse, Leck
Printed in Germany
ISBN 3-596-12613-4

Gedruckt auf chlor- und säurefreiem Papier

Inhalt

Jacopo Palma Giovane, *Allegorie auf die Liga von Cambrai* (Foto: Alinari)

I

VENEDIG ZUR ZEIT DES KRIEGES DER
LIGA VON CAMBRAI

Die Halle des Dogenpalastes, in der früher der venezianische Senat tagte, ist mit einem riesigen Gemälde von Palma Giovane geschmückt, auf dem der Sieg von Venedig über die Liga von Cambrai verherrlicht wird. In der berühmten Darstellung der historischen Denkmäler und Kunstschätze der Stadt Venedig, die Sansovino im 16. Jahrhundert in seinem Buch *Venetia città nobilissima* gab, liest man folgende Beschreibung dieses Gemäldes: »Im Mittelpunkt steht der Doge Leonardo Loredan und ihm zur Seite Venezia mit ihrem Löwen. Venezia zieht einen Degen gegen eine andere junge Frau, die mit einem Harnisch bekleidet ist, einen Helm trägt und auf einem Stier reitet; diese stellt Europa dar und hält einen Schild, auf dem die Wappen der gegen Venedig vereinten Fürsten abgebildet sind. In der Ecke des Gemäldes befinden sich zwei weitere Figuren: Es handelt sich um Frieden und Reichtum, die unter der weisen Herrschaft des Dogen gedeihen sollen. Über ihnen schwebt der Sieg in Gestalt zweier Personen, die Olivenkränze in ihren Händen halten. Am Horizont erkennt man Padua, da dies die erste Stadt auf dem Festland war, die Venedig zurückerobert hatte.«[1]

Der Krieg der Liga von Cambrai — so benannt nach der niederländischen Stadt, in der 1508 der Bund gegen Venedig geschlossen wurde — dauerte von 1509 bis 1517.[2] Das Gemälde erinnert an eine Konstellation, die lediglich vier bis fünf Monate während des Jahres 1509 andauerte: Venedig stand damals allein gegen die mächtigsten Staaten Europas — Frankreich, England, Spanien und den Papst, der hier nicht nur seine Armeen, sondern auch die geistige Waffe der Exkommunikation zum Einsatz brachte. In jenen frühen Kriegsmonaten kam der Zugehörigkeit Paduas zu Venedig eine besondere Bedeutung zu. Nach dem verheerenden Sieg über die venezianische Armee bei Agnadello am 14. Mai 1509 hatte Venedig alle seine weit verstreuten Besitztümer auf dem Festland verloren. Der Tiefstand der venezianischen Macht aber war erreicht, als selbst die Stadt Padua – deren Eroberung im Jahr 1405 den Beginn der venezianischen Expansion auf dem Festland markiert hatte – in den ersten Tagen des Juni 1509 an den Feind fiel. Man wertete daher die durch einen Blitzangriff am 17. Juli, also sechs Wochen nach dem Fall der Stadt, erwirkte Rückeroberung als einen Wendepunkt, der das Wiedererstarken Venedigs vermuten ließ. In den darauffolgenden Monaten hielt Padua der Belagerung durch den deutschen Kaiser Maximilian stand, und als die militärischen Operationen bei Anbruch des Winters eingestellt wurden, befand sich der größte Teil des verlorenen Festlands wieder in venezianischer Hand. Venedig hatte überlebt, doch der Krieg dauerte fort, und die Stadt durchlief weitere Phasen größter Gefahr. Im Sommerfeldzug des Jahres 1510 wiederholten sich nahezu die Ereignisse des vorausgegangenen Jahres: Wiederum ging das Festland verloren, obgleich Padua gehalten werden konnte. Doch in einem ganz wesentlichen Punkt unterschied sich die Lage von der des Jahres 1509: Venedig war nicht mehr isoliert.

Unmittelbar nach der Niederlage von Agnadello hatten die Venezianer mit aller Kraft versucht, den gegen sie geschlossenen Bund aufzubrechen, und dieser Versuch war geglückt. Den größten Erfolg versprachen sie sich von dem Bemühen, Papst Julius II. von seiner starren Haltung abzubringen. Als Zeichen ihres guten Willens übergaben sie die Städte in der Romagna, die sie nach dem Niedergang der Herrschaft von Cesare Borgia 1503 erobert hatten, an Vertreter des Papstes. Ihre Eroberung war dem Papst ein Dorn im Auge gewesen, weil er diese Gebiete als Teil der päpstlichen Staaten betrachtete. Auf ihre Rückführung unter päpstliche Hoheit folgte die Entsendung von Botschaftern nach Rom, die den Papst um die Aufhebung der Exkommunikation Venedigs ersuchten und um Frieden baten. Der Papst blieb zunächst unnachgiebig, mußte jedoch einsehen, daß Venedig als Machtfaktor erhalten bleiben mußte, wollte man verhindern, daß Frankreich uneingeschränkte Kontrolle über Norditalien ausüben konnte. Zudem wertete der Papst die Rückeroberung Paduas und die erfolgreiche Verteidigung der Stadt gegen Maximilians Angriff als Indiz dafür, daß Venedig noch immer über Reserven verfügte, die im Kampf gegen Frankreich von hohem Wert sein könnten. Also wurde nach zähen und langwierigen Verhandlungen, in denen Venedig strenge Auflagen akzeptieren mußte, im Februar 1510 die Exkommunikation aufgehoben und der Frieden zwischen dem Papst und Venedig wiederhergestellt.

So kam es, daß der Papst im Hochsommer 1510, als die Venezianer erneut in arge Bedrängnis geraten waren und große Teile des Festlands verloren hatten, intervenierte. Schweizer Landsknechte drangen im Dienste des Papstes von Norden gegen die Franzosen vor, während päpstliche Truppen in Richtung Ferrara marschierten. Ferrara war der treueste Bündnispartner des französischen Königs sowie Nachbar und alter Feind von Venedig. Der Erfolg dieser Operation blieb indessen begrenzt. Venedig hatte zwar an Spielraum gewonnen, jedoch verblieben Verona und ein großer Teil des Festlands in französischer Hand. Die Intervention der Landsknechte brachte keine Verbesserung; nach einem kurzen Vorstoß zogen sie sich wieder zurück. Zu stark war die Verteidigung von Verona. Dennoch hatte sich das militärische Bündnis zwischen dem Papst und Venedig nunmehr etabliert und konnte in den folgenden Monaten gefestigt werden. Ungeduldig ob des schleppenden Verlaufs des Sommerfeldzugs bestand der Papst auf der Fortführung des Krieges gegen Ferrara über den Winter. Er reiste persönlich nach Bologna und von dort aus weiter zu den gegen Ferrara kämpfenden Truppen, um der Sache neuen Schwung zu geben. Wiederum zeigte sich, daß Ferrara uneinnehmbar war, doch gelang es den päpstlichen Truppen, die Bergfestung Mirandola einzukreisen, von der aus die Straße zum französischen Hauptquartier in Mailand überwacht wurde. Bei dieser Operation wurden die päpstlichen Truppen von Teilen der venezianischen

Armee unterstützt; die andere Hälfte der Armee war zum Schutz vor französischen Truppen von westlicher und deutschen Truppen von nördlicher Seite weiter nördlich stationiert. In dieser prekären Ausgangslage des Jahres 1511 beginnt unsere Geschichte. Während des Winters waren die Franzosen eher passiv geblieben, doch war zu erwarten, daß sie im Frühjahr – in der Jahreszeit, in der gewöhnlich neue Feldzüge begonnen wurden – die Initiative zu einer neuen Offensive ergreifen würden.

*

Gemälde in öffentlichen Gebäuden erinnern an die großen Augenblicke und die heroischen Taten der Vergangenheit; sie sollen den Betrachter veranlassen, über Ereignisse nachzudenken, die den Wert von Stärke und Mut in besonderer Weise veranschaulichen. Doch sind Kriege mehr als nur die Abfolge bewaffneter Auseinandersetzungen. Militärische Operationen sind nur ein Teil des komplexen Geflechts aus diplomatischen Verhandlungen, administrativen Vorgaben und ökonomischen Maßnahmen. In der italienischen Renaissance kam der diplomatischen und politischen Seite des Krieges oft weit größere Bedeutung als den militärischen Operationen zu; der Krieg der Liga von Cambrai liefert hierfür ein typisches Beispiel, insofern sein Ausgang letztlich weniger durch Feldzüge und Schlachten als vielmehr durch Veränderungen der Koalitionen und Machtstrukturen sowie die Fähigkeit der Herrscher, ihre Reserven zu mobilisieren, bestimmt wurde. Palmas Darstellung des venezianischen Sieges hängt über der Tür, welche aus dem Versammlungssaal des Senats in den Raum des Collegio führt. Wenngleich es unwahrscheinlich ist, daß dieser Standort bewußt gewählt wurde, kommt ihm dennoch eine eigentümliche Bedeutung zu: die Lenkung der Geschicke während des Krieges oblag den Gremien, deren Versammlungsräume durch diese Tür miteinander verbunden waren.[3]

Innerhalb der venezianischen Räte- und Magistratsstruktur verkörperte das Collegio die mächtigste Autorität; daher sind mit Maßnahmen der »venezianischen Regierung« im Grunde die Entscheidungen des Collegios gemeint. Im Lauf der Zeit hatte sich das Collegio vergrößert, und im frühen 16. Jahrhundert gehörten ihm 26 Mitglieder an. Ältester Bestandteil des Collegios waren die Ämter des Dogen und seiner sechs Berater, die jeweils aus einem der Distrikte (*sestiere*), in die Venedig unterteilt war, stammten. Später hatte man dem Collegio die drei Vorsitzenden der Quarantia, des vierzigköpfigen Gerichtshofs für Straf- und Zivilprozesse, angegliedert. Eine weitere Ergänzung bildeten die 16 »Weisen«; sie waren Mitglieder des Rates der Savi und stellten zur Zeit des Krieges der Liga von Cambrai die vermutlich bedeutendste Kraft innerhalb des Collegios dar. Ihr Einfluß bemaß sich nach den administrativen Funktionen, die sie ausübten. Fünf von ihnen, die sogenannten Savi ai Ordini, waren gewöhnlich junge, in Regierungsgeschäften noch unerfahrene Adlige, denen die Versorgung der Flotte sowie die Kontrolle des Handels und der Kolonien in Übersee oblag. Fünf weitere, die Savi di Terra Firma, verwalteten die venezianischen Besitztümer in Norditalien, organisierten die Armee und überwachten die Finanzorgane. Die mächtigsten unter ihnen aber waren, wie schon ihr Name bezeugt, die sechs Savi Grandi. In ihren Händen lag die Kontrolle über die Durchführung politischer Beschlüsse.

Gewöhnlich trat das Collegio an den Vormittagen zusammen, diskutierte die neuesten Informationen und entschied über anstehende Maßnahmen. Sodann war es die Aufgabe der Savi, die erforderlichen Anordnungen zu erlassen sowie die entsprechenden Instruktionen und Hilfestellungen zu geben. Mußten außenpolitische Angelegenheiten mit besonderer Dringlichkeit oder Diskretion behandelt werden, so wurden sie mitunter auch den Vorsitzenden des Rates der Zehn (Dieci) anvertraut. Dieses Gremium war ursprünglich für Fragen der inneren Sicherheit zuständig, begann jedoch im 16. Jahrhundert, sein Aufgabengebiet in die Bereiche der Außen- und Finanzpolitik auszudehnen.

Auf der nächsten Stufe der Umsetzung politischer Beschlüsse wurden die Pregadi — oder der Senat, wie die offizielle Bezeichnung dieser Versammlung lautete — konsultiert. Somit konnte auch diese Instanz ihren Einfluß geltend machen. Die von den Savi vorbereiteten Maßnahmen, einschließlich aller Instruktionen für die venezianischen Botschafter im Ausland, bedurften der Billigung durch die Pregadi. Wenn es sich dabei um Maßnahmen handelte, die man für außerordentlich wichtig erachtete und von denen man fürchten mußte, daß sie auf Widerstand bei den Pregadi treffen könnten, so trug man sie im Namen des gesamten Collegios vor. Normalerweise wurden sie jedoch im Namen des Rates der Savi oder der für das jeweilige Gebiet zuständigen Gruppe der Savi vorgeschlagen. Dies hieß nun aber nicht, daß solche Vorschläge nicht auch durch das ganze Collegio gebilligt worden wären und sich daher auf dessen Autorität stützen konnten.

Die Wege der politischen Entscheidungsfindung waren vor allem durch zwei Merkmale gekennzeichnet: Vorschläge konnten niemals nur von einem einzelnen, sondern lediglich im Namen einer Instanz oder eines Rates gemacht werden, und es galt als selbstverständlich, daß sie einvernehmlich von der Autorität der gesamten Regierung getragen werden mußten. Besonderen Wert legte man hierbei auf den äußeren Eindruck der Einheit und des Konsenses.

Doch ist dieser Eindruck trügerisch. In Wirklichkeit gab es sehr wohl Meinungsverschiedenheiten und starke Spannungen zwischen den politischen Führern Venedigs, die man jedoch eher zu verbergen suchte und die deshalb nur schwer exakt zu rekonstruieren sind. Dennoch gibt es in den Quellen zahlreiche Hinweise dafür. Ein Savio konnte etwa die Verbesserung einer bestimmten Anordnung vorschlagen und somit zum Ausdruck bringen, daß er im Grunde ein anderes Vorgehen favorisierte. In den Dokumenten, die man den Pregadi zur Prüfung vorlegte, waren am linken Rand sämtlicher Vorschläge die Namen ihrer Befürworter verzeichnet; mitunter fügten die Savi nach ihrem Namenszug eine kurze Bemerkung an, die ihre Ablehnung eines bestimmten Vorschlags zum Ausdruck brachte; es gibt Vermerke, in denen beispielsweise die Abwesenheit bedeutender Mitglieder des Collegios, deren Bedenken im Hinblick auf den jeweiligen Diskussionsgegenstand bekannt waren, verzeichnet sind. Verfolgt man diese Gegenvorschläge und Mißbilligungen über einen längeren Zeitraum, so gewinnt man einen Einblick in die unterschiedlichen Konfliktlagen und Gruppierungen. Mitunter können diese Hinweise durch die Aufzeichnungen in den beiden großen Tagebüchern, die von Marino Sanudo[4] und Girolamo Priuli[5] während des Krieges der Liga von Cambrai geführt wurden, erhärtet werden. Die beiden Tagebücher ergänzen sich in gewisser Hinsicht, wenn es darum geht, hinter die harmonische Fassade der venezianischen Politik zu blicken. Zwar zeichnet Priuli ein unverstelltes Bild der unterschiedlichen Positionen, doch ist er zu diskret, um auch die zugehörigen Namen anzugeben; Sanudo hingegen liebte es geradezu, die Konflikte zwischen führenden Persönlichkeiten darzustellen, blieb jedoch in der Wiedergabe der Argumente eher ungenau. Nur in äußerst schwierigen Situationen kann man erkennen, inwieweit sachliche Differenzen von persönlichen Vorlieben oder Antipathien überlagert wurden. Folglich muß vieles über die Konflikte und Spannungen in der venezianischen Politik und die mit ihr vebundenen persönlichen Rivalitäten im Dunkeln bleiben.

Das Ausmaß an Macht, welches das Collegio und die Pregadi während des Krieges der Liga von Cambrai über die Politik ausübten, läßt sich besser ermessen, wenn man die Aufgaben und Funktionen beider Körperschaften mit denen vergleicht, die der berühmtesten und gewöhnlich für am bedeutendsten erachteten Institution der venezianischen Regierung, dem Großen Rat (Maggior Consiglio), zukamen. Zweifellos verkörperte der Große Rat die höchste Autorität; jeder venezianische Adlige über fünfundzwanzig Jahre gehörte ihm an. Während des Krieges der Liga von Cambrai umfaßte er mehr als 2500 Mitglieder; das entspricht etwa zehn Prozent der männlichen Bevölkerung der Stadt in dieser Altersgruppe.[6] Seit seiner »Konstituierung«[7] im frühen 14. Jahrhundert hatte sich die Zahl seiner Mitglieder mehr als verdoppelt, wobei der Zuwachs an Größe seine Effektivität und Einflußmöglichkeiten eher schmälerte. Seine Organisation war äußerst umständlich geworden, und es war geradezu unmöglich, die nie abreißende Flut von Vorgängen in wöchentlichen Sitzungen gründlich, rasch und unter Wahrung der Geheimhaltung zu bewältigen. Als unumstößliche Regel galt, daß jede Veränderung, die die venezianische Verfassungsstruktur oder das Verhältnis zwischen den verschiedenen Regierungsinstanzen und den Räten betraf, der Zustimmung des Großen Rates bedurfte. Diese Kompetenz war der Garant für die Bedeutung des Großen Rates als Verkörperung venezianischer Souveränität und zugleich als Hüter der politischen Tradition. Ein wesentlicher Teil des Einflusses, den der Große Rat auf die Politik ausübte, bestand in seiner Funktion, hohe Regierungsvertreter zu wählen. Unter ihnen waren die wichtigsten Repräsentanten der Stadt Venedig, zahlreiche Statthalter und Verwalter in den Städten auf dem Festland und in den venezianischen Gebieten in Übersee, sowie die Mitglieder der Pregadi, der Quarantia, des Rates der Zehn und der Doge.

Diese Beschreibung mag den Eindruck erwecken, als habe der Große Rat den gesamten Regierungsapparat fest im Griff gehabt, was jedoch irreführend wäre. Nur eine beschränkte Zahl von Adligen verfügte über die Qualifikationen, die dem Großen Rat für die Ausübung des Amtes eines Rats oder eines Mitglieds der Zehn geeignet erschien. Zudem war die Abhängigkeit der Pregadi vom Großen Rat weniger realer, als vielmehr scheinbarer Natur. Die Pregadi waren eine Gruppe von etwa 150 bis 200 Männern[8], von denen ein großer Teil hohe Würdenträger waren, die zwar aufgrund ihres Amtes den Sitzungen der Pregadi beiwohnen, jedoch kein Stimmrecht ausüben durften. Die Mehrheit der Pregadi aber bildeten jene 120 Mitglieder, die der Große Rat jährlich während der Monate August und September wählte. Hierbei handelte es sich lediglich scheinbar um freie Wahlen, da es zur Gewohnheit geworden war, die Mitglieder des Vorjahres wiederzuwählen. Personelle Veränderungen ergaben sich nur dann, wenn ein Mitglied verstarb und ersetzt werden mußte oder einzelne Pregadi zu Missionen außerhalb von Venedig ernannt oder gewählt wurden. Es kam aber auch vor, daß der Große Rat von seinem Recht auf freie Wahlen Gebrauch machte: Nach einer militärischen Niederlage oder wenn sich Venedig auf erniedrigende Bedingungen hatte einlassen müssen, wurden diejenigen, die man für die Hauptverantwortlichen für derlei Fehlschläge hielt, nicht wiedergewählt. Dies kam jedoch nur selten vor, und der Ausschluß von den Pregadi blieb in der Regel zeitlich begrenzt. Somit konnten sich die Mitglieder der Pregadi als Teile einer Institution fühlen, die keinem anderen Rat mehr verantwortlich war, und glauben, sie könnten unumschränkt die ihnen genehme Politik betreiben.

Während des Krieges der Liga von Cambrai verlor der Große Rat an politischem Gewicht. Mit dem Verlust des Festlandes wurde die Zahl der durch Wahl vom Großen Rat besetzten Regierungspositionen erheblich reduziert. Die Ämter auf dem Festland waren aufgrund ihrer finanziellen Vorteile vor allem für die zahllosen »armen Adligen« und weniger für die wohlhabenden einflußreichen Bürger attraktiv. Als durch die feindliche Okkupation die Notwendigkeit der Nachwahl durch den Großen Rat entfiel, verloren viele Adlige das Interesse an ihm, so daß die Sitzungen während der Kriegszeiten nur wenig besucht waren. Überdies verlagerte sich durch die kriegsbedingte Notlage das Hauptgewicht der Macht immer stärker auf den Senat. Der Krieg verlangte fortwährende Aufmerksamkeit und rasche Entscheidungen in den Amtsgeschäften. Zwar befand sich die Mehrzahl der Regierungsämter in den Händen des Großen Rats, nicht aber jene, die in Fragen der Kriegsführung ausschlaggebend waren. Den Rat der Savi betrachtete man in erster Linie als ein Senatskomitee und ließ folglich seine Mitglieder durch die Pregadi wählen. Ferner wählten diese auch die diplomatischen Vertreter der venezianischen Regierung, deren Vorgehen für die Kriegsführung von größter Bedeutung war, sowie jene Männer, denen die Hauptverantwortung für militärische Operationen oblag: die *provveditori*. Diese blieben für die Dauer ihrer Amtszeit bei den Truppen und hielten direkten Kontakt mit den *condottiere*. Ihre Aufgabe bestand darin, zwischen dem Collegio und den *condottiere* zu vermitteln und die Aufträge der venezianischen Regierung an die *condottiere* zu überbringen; umgekehrt hatten sie der Regierung über die militärische Lage und geplante Operationen Bericht zu erstatten. In einem erfolgreichen Feldzug *provveditore* zu sein, konnte den Zugang zu den höchsten Ämtern bedeuten. So wurde beispielsweise Gritti, einer der besten *provveditori* im Krieg der Liga von Cambrai, später zum Dogen gewählt. Zugleich aber war es auch eine sehr riskante Position, insofern der *provveditore* häufig für Fehlschläge und Niederlagen verantwortlich gemacht wurde. Schließlich hatten die Pregadi ein gewichtiges Wort in jenen Angelegenheiten mitzureden, die man zu dieser Zeit als die »Sehnen des Krieges« bezeichnete, nämlich die Finanzen: Den Pregadi oblag es, Anträge auf Erhebung neuer Steuern einzureichen.

Die wichtigsten Entscheidungen zu Kriegszeiten wurden im Collegio, insbesondere im Rat der Savi, getroffen, bedurften aber der Billigung durch die Pregadi. Dessen ungeachtet lag die Erörterung und Untersuchung einer Angelegenheit nur in Ausnahmefällen in der Zuständigkeit der Pregadi. Anführer der Diskussionen bei den Pregadi waren die Mitglieder des Collegios, insbesondere die Savi Grandi. Sie hatten das Recht, als erste zu sprechen, und in der Tat kam es nur äußerst selten vor, daß ein Senator, der weder dem Collegio noch dem Rat der Zehn angehörte und kein hohes Amt bekleidete, auch nur wagte, zum Senat zu sprechen.

Dennoch waren das Collegio und die Savi kein Exekutivorgan im Gegensatz zu einem etwa rein »deliberativen« oder »legislativen« Senat. Vielmehr oblagen all diesen Instanzen, selbst dem Großen Rat, zugleich die exekutiven, deliberativen und legislativen Funktionen, die wir heute sorgfältig zu trennen gewohnt sind.

Es mag der Eindruck entstehen, daß dieses System einige wenige regelrecht dazu verführt habe, die Savi und die Pregadi zu dominieren, die Regierungsgewalt an sich zu reißen und die übrigen Adligen von der Macht auszuschließen. Dieser Gefahr sollten institutionelle Vorkehrungen entgegenwirken, welche die Ansammlung von Macht in den Händen einer kleinen Gruppe verhindern halfen. Ein besonderes Hemmnis stellte hierbei die Rotation der Ämter und die zeitliche Begrenzung der Amtsträgerschaft dar. Sie betrug im Durchschnitt sechs Monate. Ein Mann konnte nicht wieder in dasselbe Amt gewählt werden, bevor nicht mindestens ebensoviele Monate vergangen waren, wie seine Amtszeit gedauert hatte. Infolgedessen wechselten die Mitgliedschaften im Rat der Savi sehr häufig, wenngleich die Beitrittstermine zum Rat so gestaffelt waren, daß die politische Kontinuität gewahrt werden konnte. Die Beschränkung der Amtszeiten und das Prinzip der Rotation waren in den Stadtrepubliken der Renaissance durchaus gebräuchlich, wobei sich die florentinische Rechtssprechung in dieser Frage kaum von der venezianischen unterschied. Es gab aber auch spezifisch venezianische Maßnahmen, die die Fraktionsbildung erschweren sollten. Besonders erwähnenswert sind in diesem Zusammenhamg die Gesetze, die den sogenannten *broglio* – einzelne Mitglieder des Großen Rates einigten sich in geheimer Absprache auf einen bestimmten Kandidaten – unterbinden sollte. Ein weiterer Faktor, der die Vormachtstellung einer bestimmten Gruppe oder Partei verhindern half, war der Umstand, daß die Mitglieder der Pregadi gewöhnlich im Jahresrhythmus gewählt wurden, so daß sich diese Gruppe aus lauter Männern zusammensetzte, die zu unterschiedlichen Zeiten und unter verschiedenen Umständen dem Senat beigetreten waren.

Die Verurteilung von Flügelkämpfen und die Notwendigkeit kooperativen und harmonischen Handelns wurde jedoch nicht nur durch institutionelle Vorkehrungen, Gesetze und Strafen gewährleistet, vielmehr lagen die Wurzeln dieser Haltung in der venezianischen Geschichte. Der Adel Venedigs war gleichsam eine in sich geschlossene Einheit, eine Klasse, deren exklusives Leben sich abseits des Daseins der übrigen Bewohner der Stadt abspielte. Macht und Reichtum ihrer Familien basierten auf den Gewinnen aus der Seefahrt, die jedoch kein rein privates Unterfangen war. Vielmehr spielten Regierungsorganisationen und öffentliche Verordnungen eine gewichtige Rolle für die Handelsunternehmen, von denen die Stadt lebte. Das Gefühl, eine herausragende, homogene Gruppe zu sein, die durch ein gemeinsames Schicksal zusammengehalten wurde, fand seine Personifikation in jenen neun Repräsentanten, die die Mitglieder aller anderen Gremien und Räte an Würde übertrafen: den Procuratores di San Marco.[9]

Neben dem Dogen waren sie die einzigen, die, einmal gewählt, ihr Amt auf Lebenszeit behalten konnten. Ab dem vierzehnten Jahrhundert wurde kein venezianischer Adliger mehr Doge, der nicht zuvor ein Prokurator von San Marco gewesen war. Die ursprüngliche und überkommene Funktion dieses Amtes lag darin, die Kirche des Schutzpatrons von Venedig und das ihr zugehörige

Umland zu beschützen. Bald aber wurde den Prokuratoren auch die Verwaltung der Gelder und Besitztümer anvertraut, die der Kirche von San Marco durch Vermächtnisse zugefallen waren. Darüber hinaus wurden sie mit der Verwaltung der Güter von Waisen und Minderjährigen betraut. Auf diese Weise gewannen sie die Kontrolle über erhebliche Geld- und Gütermengen und wurden zu einer bedeutenden Finanzkraft der Stadt. Mit der Ausdehnung des Aufgabengebiets wuchs auch die Zahl der Mitglieder. Im 15. Jahrhundert waren es neun, und es herrschte eine strikte Trennung der Aufgaben: drei Prokuratoren, die sogenannten »Procuratores de supra«, waren für alles zuständig, was unmittelbar das Gebäude von San Marco betraf; drei weitere, die Prokuratoren »de citra«, waren für sämtliche Grundstücke zuständig, die San Marco von Personen hinterlassen worden waren, die auf der der Kirche zugewandten Seite des Canale Grande gewohnt hatten; hingegen fielen die Grundstücke auf der gegenüberliegenden Seite in die Zuständigkeit der drei Prokuratoren »de ultra«. Anfänglich war die Furcht, die Prokuratoren könnten durch den von ihnen kontrollierten Besitz derart mächtig werden, daß sie einen enormen Einfluß auf die venezianische Politik gewinnen würden, so groß, daß ihnen der Zugang zu politischen Ämtern verwehrt blieb. Als aber der venezianische Regierungsapparat immer größer und komplexer wurde und andere Gremien ihren Einflußbereich in der öffentlichen Verwaltung ausdehnten, schien es kaum mehr gerechtfertigt, daß ausgerechnet Männern, die über so viel Erfahrung und Autorität wie die Prokuratoren verfügten, der Zugang zu den Ämtern verwehrt werden sollte. Ab dem 15. Jahrhundert waren sie automatisch auch Mitglieder des Senats und arbeiteten als Botschafter, *provveditori*, und Befehlshaber der Flotte. Schließlich konnten sie auch in den Rat der Savi gewählt werden, wenngleich die Zahl ihrer Vertreter in diesem Gremium auf zwei beschränkt blieb, die zudem aus unterschiedlichen Gruppen kommen mußten, so daß niemals zwei »Procuratores de supra« oder »de citra« oder »de ultra« gleichzeitig im Rat der Savi vertreten sein konnten.

Man hat die venezianische Regierung immer wieder in Gestalt einer Pyramide dargestellt, deren Sockel durch den großen Rat gebildet wird, an den sich nach oben der Senat anschließt. Diese Struktur verjüngt sich immer weiter bis zur Spitze, die vom Dogen und seinen Beratern gebildet wird. Die Attraktivität dieser Analogie liegt gerade in ihrer Einfachheit, und man hat sich ihrer immer wieder bedient, nicht zuletzt weil sie eine lange und respektable Geschichte aufweist. Gasparo Contarini hebt in seiner berühmt gewordenen Beschreibung der venezianischen Republik, die er in dem Jahrzehnt nach dem Krieg der Liga von Cambrai verfaßt hat, besonders auf die organische Kohärenz der venezianischen Verfassung ab; sie enthielt alle drei klassischen Regierungsformen: die Demokratie, die Aristokratie und die Monarchie, und war demzufolge die Verwirklichung dessen, was die antiken Autoren zur idealen Verfassungsform erklärt hatten.[10]

Doch das Bild der Pyramide ist irreführend. Sicherlich gab es zwischen den einzelnen Räten und Gremien des venezianischen Regierungsapparats gewisse Verbindungen und Abhängigkeiten, die aber eher zweitrangig sind. In erster Linie strebten sowohl die beiden großen Räte als auch die anderen politischen Organe danach, ihr eigenes Kräftefeld aufzubauen und sich einen Raum zu sichern, in dem sie ungehindert agieren konnten. Innerhalb des vorgegebenen Rahmens rieben sich die unterschiedlichen Machtzentren aneinander, wobei jedes versuchte, seine Einflußsphäre auszudehnen, so daß sich die Balancen innerhalb dieses Systems widerstreitender Kräfte häufig verschoben. Allen institutionellen Reibereien ist hierbei ein Grundzug gemeinsam: das ständige Bestreben nach Verkleinerung des Kreises der Entscheidungsträger. So mußte der Große Rat, ursprünglich die Quelle aller Macht, seine Funktionen teilweise an den Senat weitergeben; das Collegio und der Rat der Savi begannen ihrerseits, Senatsaufgaben zu übernehmen, bis schließlich im 17. und 18. Jahrhundert der Rat der Zehn alle Macht an sich zog. Die Jahre des Krieges der Liga von Cambrai erwiesen sich als eine entscheidende Phase in dieser Entwicklung.

Häufig waren die politischen Streitereien zwischen den rivalisierenden Machthabern Venedigs zugleich Kämpfe in Fragen des Verfahrens und der Zuständigkeit. Die Respektierung institutioneller

Grenzen bildete einen wesentlichen Bestandteil des politischen Lebens von Venedig und war fest in dessen Grundprinzipien verankert. Die Adligen überragten hierbei alle anderen gesellschaftlichen Gruppen, da nur sie das Recht besaßen, Ämter zu versehen. Mit Stolz stellte Gasparo Contarini fest, daß in Venedig keine prächtigen Gräber oder Reiterstatuen zum Ruhm der großen Führer der Stadt errichtet worden waren. Contarini deutete diesen Verzicht auf Verherrlichung als Zeichen der Bescheidenheit und Selbstlosigkeit des Adels. Was er nicht erwähnt, ist die Tatsache, daß die besondere Verehrung der Fähigkeiten und Leistungen eines Einzelnen das Grundprinzip des politischen Lebens der Stadt, nämlich den Anspruch einer heriditären Klasse auf das Machtmonopol, hätte gefährden können. Schließlich hätte man ja die Frage aufwerfen können, ob nicht auch andere Individuen mit vergleichbaren Qualitäten zur Herrschaft befähigt wären. Man suchte der Gefahr der Exponierung einer Einzelperson dadurch zu begegnen, daß man ihre Rolle als Teil eines Systems beziehungsweise ihre Funktion als Amtsträger hervorhob. Daß die Venezianer diesem Verhältnis auch äußeren Ausdruck verliehen, belegt daher die Bedeutung, die sie der Einbindung des Einzelnen in den Gesamtzusammenhang der Institutionen beimaßen.[11]

Die Prokuratoren von San Marco waren dank der samtenen Stolen, die sie über ihren roten Roben trugen, leicht von anderen zu unterscheiden. Auch die Roben der Senatoren waren rot, aber in einem anderen Farbton. Hingegen waren die Roben der Savi blau, und die des Rates der Zehn zeichneten sich durch besonders lange Ärmel aus. Adlige, die kein höheres Regierungsamt innehatten, mußten sich mit schwarzen Roben begnügen. Diese Farbenvielfalt in der Kleidung – die so gut zum ständig wechselnden Licht des Himmels und des Wassers der Stadt paßt – wurde von Außenstehenden häufig als ein weiteres Zeichen für den »wundersamen« Charakter der politischen Ordnung Venedigs interpretiert. Die Bereitschaft der Venezianer, hierarchische Abstufungen in einer solchen, äußerlich erkennbaren Form zu akzeptieren, war leicht in Einklang zu bringen mit dem Geist einer harmonischen Einheit, den man der venezianischen Gesellschaft so gern unterstellt hat.

Indessen kann die Betonung der Unterschiede in der Kleidung auch als äußeres Zeichen für den Fortbestand von Rivalitäten und Spannungen innerhalb der Führungselite verstanden werden. Jedes Mitglied beharrte auf diese Weise auf seinem besonderen Platz und den ihm zustehenden Rechten und Pflichten. Diese Sichtweise wird vermutlich bei jenen auf Unbehagen stoßen, die die venezianische Geschichte als ein ruhmreiches Epos betrachten, wie es die Darstellung in der Halle des Dogenpalastes tut. Doch scheint die hier vertretene, skeptischere Einschätzung der Realität sehr viel näher zu kommen, wenn man sich die einzelnen Episoden der venezianischen Geschichte genauer vor Augen führt. Zumindest geben die Ereignisse des Jahres 1511 allen Grund zu dieser Auffassung.

II

Chigi in Venedig:
Die Krise des Frühjahrs 1511

In einer Tagebucheintragung vom 3. Februar 1511 erwähnt Marino Sanudo, daß sich Agostino Chigi, ein steinreicher Römer, zu Besuch in Venedig aufhalte.[1] Offensichtlich war Sanudo so sehr von Chigis sagenhaftem Reichtum beeindruckt, daß er in den folgenden Monaten alles, was er über Chigi und dessen Unternehmungen in Venedig hörte, in seinem Tagebuch festhielt. Wenig später verfügt Sanudo über weitere Informationen: Chigi erweist sich als Bankkaufmann mit einem Vermögen von 100 000 Dukaten und bekleidet Ämter an der Kurie, aus denen er zusätzliche Einkünfte bezieht. Er wohnt im Palazzo Nani in einer von dem ausländischen Kaufmann Raphael Besalù angemieteten Wohnung. Dieser war Chigis Vertreter in Venedig. Sanudo wurde bekannt, daß der Zweck von Chigis Reise nach Venedig darin lag, den Sienenser Bankkaufmann Alessandro di Franza, der ihm 17 000 Dukaten schuldete, zu erwischen. Chigi führte ein Schreiben des Papstes mit sich, in dem dieser die venezianische Regierung ersuchte, Chigi jede erdenkliche Unterstützung zukommen zu lassen. Tatsächlich versprachen der Doge und seine Berater, alles in ihrer Macht Liegende zu tun, um Chigi zu helfen. Die Regierung griff denn auch entschlossen durch: Um seiner Rechnungsbücher habhaft zu werden, wurde Franzas Frau, die Nichte von Pandolfo Petrucci, des Herrschers von Siena, inhaftiert.

Offensichtlich war die Affäre Franza von größter Bedeutung für Agostino Chigi. Der Mann, der in Sanudos Aufzeichnungen Alessandro di Franza heißt, gehörte zur Familie Spannocchi, die –

wie auch Chigi – ursprünglich aus Siena stammte. Die Mitglieder der Familie Spannocchi waren unter den Päpsten Innozenz VIII. und Alexander VI. die mächtigsten Bankkaufleute der Kurie.[2] Zu Beginn seiner Karriere stand Chigi in enger Verbindung mit ihnen, doch hatten sich im Lauf der Zeit Konflikte und Rechtsstreitigkeiten ergeben.

Dessen ungeachtet stellt sich die Frage, ob die Eintreibung einer zwar hohen, aber für Chigi keineswegs existentiell bedeutsamen Summe, Grund genug war, daß ein so wichtiger Mann Monate lang in Venedig blieb. Chigi war ständig in die Geschäfte der Kurie involviert; er war ein Vertrauter von Papst Julius II., der seine Dankbarkeit dadurch zum Ausdruck brachte, daß er die Chigis zu Mitgliedern seiner eigenen Familie der della Rovere, machte. Just zum Zeitpunkt seines Aufenthalts in Venedig war Chigi, ein engagierter Förderer der Künste, mit den Vorbereitungen für ein Bauwerk beschäftigt, das auf eindrucksvolle Weise Zeugnis von seinen künstlerischen Neigungen ablegt: Gemeint ist die Villa Farnesina.

Die Zweifel daran, daß das Verfahren gegen Alessandro di Franza der einzige beziehungsweise der Hauptgrund für Chigis Anwesenheit in Venedig gewesen sein soll, werden überdies verstärkt durch Hinweise aus Sanudos Eintragungen hinsichtlich des Stellenwerts, den venezianische Patrizier dem Besuch Chigis beimaßen. Am Sonntag, dem 23. Februar 1511, gab Antonio Grimani, eine einflußreiche Gestalt im politischen Leben Venedigs, ein Bankett zu Ehren Chigis. Grimani hatte eine äußerst schillernde Karriere hinter sich. Nachdem er als Geschäftsmann zunächst ein großes Vermögen verdient hatte, avancierte er sehr rasch im venezianischen Regierungsapparat und wurde 1494 Prokurator von San Marco. Wenige Jahre später jedoch wurde die venezianische Flotte unter seiner Kommandantur von den Türken geschlagen. Man brachte Grimani in Ketten nach Venedig zurück; nach einer erbitterten Verhandlung ging er nach Rom ins Exil, wo einer seiner Söhne Kardinal war. Nach der venezianischen Niederlage bei Agnadello nutzte er seinen Einfluß am päpstlichen Hof zugunsten Venedigs, worauf er im Juli 1509 aus dem Exil zurückgerufen und bald danach wieder in das Amt eines Prokurators von San Marco eingesetzt wurde – der einzige Mann übrigens, der zweimal zum Prokurator von San Marco gewählt wurde. Von 1509 bis 1511 wirkte er ohne Unterbrechung als Mitglied des Rates der Savi und übte einen beachtlichen Einfluß auf die venezianische Politik aus. Die Grimani – Antonio Grimani und zwei seiner Söhne, die in Rom lebten, sowie Kardinal Domenico Grimani und ein weiterer Kleriker, Pietro Grimani, Mitglied der Ritter von Jerusalem – standen in Rom in engem Kontakt mit Chigi. Daher war es naheliegend, daß Grimani ihm in Venedig einen gebührenden Empfang bereiten würde.

Das von Grimani zu Ehren Chigis veranstaltete Bankett war überaus prächtig. Viele elegant gekleidete Damen und prominente venezianische Patrizier waren zugegen. Unter ihnen auch Bernardo Bembo, der in seiner Jugend ein guter Freund von Lorenzo Magnifico gewesen und nun zu einer Art Nestor der venezianischen Räte geworden war; ferner die Räte Pietro Duodo, Giorgio Emo, Luca Tron, der Bankier Alvise Pisani sowie die Gebrüder Lorenzo und Piero Cappello, die in engem Kontakt zu dem Bankhaus Cappello-Vendramin standen.[3] Grimanis Bankett ist in zweierlei Hinsicht bemerkenswert: Erstens, insofern es überhaupt stattfand und zweitens wegen der Rolle, die die Gäste in der venezianischen Politik spielten. Bei genauerer Betrachtung dieser beiden Umstände erschließt sich uns ein Bild der Situation, in der sich Venedig in den ersten Monaten des Jahres 1511 befand, und wir gelangen zu einem besseren Verständnis der Reaktionen, die durch Chigis Erscheinen in Venedig hervorgerufen worden waren.

*

Als Chigi in Venedig eintraf, befand sich die Republik bereits im zweiten Kriegswinter und sah sich ständig wachsenden Schwierigkeiten gegenüber, die sich allmählich zu einer Krise verdichteten. Die vorausgegangenen Monate waren für die Bewohner der Stadt sehr hart gewesen. Es war damals äußerst ungewöhnlich, militärische Aktionen über den Herbst hinaus fortzusetzen, doch hatte Papst Julius II. auf der Fortführung des Feldzugs über den Winter bestanden. Das Resultat war enttäuschend: weite Teile des Festlands verblieben in der Hand des Feindes. Somit hatte der schwierige Feldzug nicht zu einer Verbesserung der Situation geführt, und mit Beginn des Frühjahrs mußte sich Venedig zudem auf eine französische Offensive von Westen und eine deutsche Offensive von Norden einstellen.

Die Bewohner der Stadt lebten noch immer unter der Belastung, die entstanden war, als zwei Jahre früher, im Jahr 1509, der Krieg ausgebrochen und das Festland in die Hände des Feindes gefallen war. Viele Bauern waren damals vor plündernden Söldnern nach Venedig geflohen.[4] Man hatte sie in Klöstern wie San Giorgio, San Niccolò oder Sant' Andrea untergebracht, die von den Mönchen wegen der kriegsbedingten Notlage verlassen worden waren. Als die Kämpfe abflauten, zogen manche Bauern wieder zurück auf ihr Land; viele jedoch blieben, und als im Frühjahr 1510 erneut Truppen gegen das Festland vorstießen, kamen weitere Flüchtlinge in die Stadt, die teilweise im leerstehenden Fondaco dei Tedeschi untergebracht werden konnten. Eine besondere Gruppe unter den in Venedig siedelnden Flüchtlingen stellten die Juden dar, die bis zum Krieg der Liga von Cambrai vom Geldverleih an die Armen auf dem Festland gelebt hatten und denen bis zu diesem Zeitpunkt der Zugang zur Stadt untersagt geblieben war. Mit dem Zustrom von Fremden und Auswärtigen nahm auch der Diebstahl – schon vorher kein unbekanntes Phänomen in Venedig – in der ohnehin überfüllten Inselstadt zu.

Das Leben dieser Flüchtlinge war trostlos, und ihre Gegenwart machte sich in der ganzen Stadt bemerkbar: Auch ohne den plötzlichen Bevölkerungsanstieg hatte der Krieg dazu geführt, daß die Güter knapp und die Preise stark gestiegen waren. Der Reichtum der Stadt – Venedig war im 16. Jahrhundert die wohlhabendste Stadt in ganz Europa – basierte auf dem Handel, der durch den Krieg erheblich beeinträchtigt wurde.

Vom Festland aus wurde die Stadt belagert, doch blieben die Schiffswege offen. Auch wenn es keine besonderen Störungen des regulären Schiffsverkehrs nach Osten, nach Alexandria und Beirut, gab, kam es dennoch zu gewissen Behinderungen. Flotteneinsätze auf dem Po gegen Ferrara sowie die notwendig gewordenen Nahrungsimporte aus der Adriaregion machten den zusätzlichen Einsatz von Schiffen und Besatzungen unumgänglich. Folglich standen zu Beginn des Frühjahrs nicht genügend Seemänner für den Einsatz der Handelsgaleeren zur Verfügung. Diese Verzögerungen ließen ein Gesetz notwendig werden, welches den Kapitänen erlaubte, länger in Alexandria zu bleiben, als es die Be- und Entladung ihrer Schiffe erforderte, wodurch der Zeitpunkt ihrer Rückkehr und somit der Ankunft der Güter ungewiß wurde.[5]

Durch den Krieg veränderte sich aber auch die Art des Handels zwischen Venedig und dem Osten. Noch immer konnte Venedig einige seiner typischen Handelsgüter wie Seife, Glas aus Murano oder Kupferwaren verkaufen, doch konnten andere Waren, wie etwa Silber oder Tuch, nur noch in geringerem Umfang exportiert werden, da die venezianische Regierung das Silber brauchte und ein Großteil des nach Osten verkauften Tuchs in Deutschland oder in den unzugänglich gewordenen Gebieten Italiens hergestellt wurde.[6] Andererseits war Venedig kriegsbedingt von bestimmten Gütern aus dem östlichen Mittelmeerraum abhängig; hierzu gehörten Salpeter zur Schießpulverherstellung sowie Nahrungsmittel, insbesondere Weizen. Demgegenüber bestanden wenig Absatzchancen für die teuren, nur noch schwer verkäuflichen Güter wie Gewürze, Seide oder Edelsteine, die sonst den Hauptteil der Ladungen auf dem Rückweg ausgemacht und die größten Profite eingebracht hatten. Ausländische Händler, die gewöhnlich zum Ende des Frühjahrs und des Herbstes, wenn die Handelsschiffe aus dem Osten zurückkehrten, nach Venedig gekommen waren, blieben nunmehr fern, und die Straßen, auf denen man Waren zum Verkauf nach Italien, Deutschland oder Frankreich hätte transportieren können, waren entweder blockiert oder unsicher geworden.

Venedigs Handel auf dem Landweg war durch den Krieg jedoch nicht gänzlich zum Erliegen gekommen. Die Regierung versuchte, den Import von Wein und Weizen durch die Aufhebung von Handelsschranken für ausländische Schiffe und Händler zu erleichtern.[7] Doch konnte dieser Handel weder in größerem Umfang noch mit der gewohnten Verläßlichkeit betrieben werden.

Der Warenaustausch mit den von Frankreich kontrollierten Gebieten brach völlig zusammen, wogegen ein Teil des Verkehrs über die Alpen aufrecht erhalten werden konnte. Dennoch waren die Beziehungen zwischen Venedig und den freien Handelsstädten in Süddeutschland von den Schwierigkeiten getrübt, die in Kriegszeiten den Handelsverkehr beeinträchtigten.

Zu Beginn des Krieges hatte die venezianische Regierung den freien Städten Nürnberg, Ulm, Straßburg und Augsburg noch versichert, daß »ihre Kaufleute in Venedig handeln und leben sowie die Stadt und ihr Gebiet sicher wieder verlassen, und ferner Besitztümer und Waren ungestört kaufen, behalten oder exportieren können.« Dieses Versprechen wurde im April 1509 durch einen förmlichen Erlaß bekräftigt.[8] Als aber Venedig unter den Bann des deutschen Kaiserhofes fiel, befahl Kaiser Maximilian nach anfänglichem Zögern und trotz nachhaltiger Proteste von Seiten der Regierungen der freien Städte die völlige Unterbindung des Handels mit Venedig. Doch es gab Ausnahmen: Im Januar 1510 erlaubte er der mächtigen Augsburger Firma »Welser und Föhlen« den Transport einer beträchtlichen Menge Tuchs sowie den Import von Gütern aus Venedig. Immer wieder gewährte Maximilian deutschen Kaufleuten sicheres Geleit, um Güter von und nach Venedig transportieren zu können. So erfahren wir zum Beispiel von regen Aktivitäten im Fondaco dei Tedeschi gegen Ende Dezember.[9] Dort waren deutsche Händler eingetroffen, hatten Pfeffer, Ingwer sowie andere Gewürze und Waren für große Summen erstanden und beeilten sich nun mit der Verpackung und dem Rücktransport der Güter nach Deutschland. Das von Maximilian gewährte sichere Geleit war zwar eine unabdingbare Voraussetzung für derlei Transaktionen, doch gab es keine Garantien für die Einhaltung seiner Befehle. Adlige aus Tirol, die glaubten, gewisse Forderungen gegen Venedig geltend machen zu können, und sogar der Herzog von Bayern konfiszierten die aus Venedig kommenden Waren. Auch Maximilian selbst schwankte in seiner Haltung; im Frühjahr 1511 drohte er mit der Schließung aller Pässe von Norden nach Süden. Nach zweijährigem Aufschub machte er schließlich seine Drohung wahr.

Die Venezianer konnten sich nun nicht mehr auf die regelmä-
ßige Versorgung mit Gütern des täglichen Gebrauchs, Nahrungsmitteln und Wein vom Festland verlassen. Aufgrund des Krieges
ließ man das Land häufig brachliegen, oder aber die Armeen konfiszierten die landwirtschaften Erzeugnisse. Folglich mußten Weizen, Vieh und Wein mit dem Schiff über größere Distanzen herbei-
geschafft werden, wodurch sich ihr Preis erheblich verteuerte. So
verdoppelte sich beispielsweise der Preis für Weizen fast unmittelbar nach Ausbruch des Krieges und schwankte fortan mit der jeweils importierten Menge.

Die Preissteigerung, insbesondere bei Nahrungsmitteln, war
um so schwerer zu ertragen, da die Menschen von geringerem Einkommen als sonst leben mußten. Mit Kriegsausbruch hatte die Regierung verfügt, daß alle Beamte für die Dauer von sechs Monaten
keinen Lohn mehr erhalten sollten;[10] zugleich war es ihnen untersagt, zu kündigen oder sich eine andere Beschäftigung zu suchen.
Inspektoren wurden eingesetzt, um sicherzustellen, daß die Beamten ihre Funktionen in gewohnter Weise ausübten. Die Folgen dieses Erlasses waren jedoch nicht so drastisch, wie es zunächst den
Anschein haben mag, da die Gebühren, welche die Beamten für
ihre Dienste erheben konnten, genauso bedeutend wie ihre Gehälter waren. Aber auch dieses Einkommen, das die Beamten vor dem
Krieg in vollem Umfang einbehalten konnten, mußte nun zur
Hälfte an die Regierung abgeführt werden. Diese Sparmaßnahme
erfaßte alle Beamten gleichermaßen, also nicht nur Bedienstete
wie Schreiber, Angestellte oder Boten, sondern auch die Mitglieder der adligen Führungsschicht, die in der Stadt oder in der Republik bestimmte Funktionen innehatten und Gebühren eintreiben
konnten. Dieser zunächst auf sechs Monate beschränkte Erlaß
wurde erst um weitere sechs Monate verlängert und blieb schließlich während des ganzen Krieges in Kraft.

Die Auswirkungen des rückläufigen Handels machten sich in
vielen Bevölkerungsgruppen bemerkbar und führten in manchen
Bereichen des Wirtschaftslebens auch zu Arbeitslosigkeit. Als bekannt wurde, daß die regulären Schiffsverbindungen nach Flandern und England nicht mehr aufrecht zu halten waren und da-

durch eine extreme Wollknappheit gefolgt von Arbeitslosigkeit in der Textilherstellung drohte, hob die Regierung die bestehenden Importbeschränkungen für Wolle auf: Für einen begrenzten Zeitraum durften Venezianer wie Ausländer ihre Wolle aus England, Flandern oder Nordafrika per Schiff oder auf dem Landweg nach Venedig bringen. Das alte Gesetz, demzufolge venezianische Schiffe nur für Güter eingesetzt werden durften, die auch zum Verkauf in Venedig bestimmt waren, wurde abgeschafft, so daß die Venezianer nun auch Waren auf ausländischen Schiffen transportieren konnten.[11]

Am härtesten traf die wachsende Unsicherheit und der Niedergang des Handels die kleinen Händler. Weder war die wirtschaftliche Bedeutung ihrer Waren groß genug, um das Interesse der Herrschenden zu wecken, die sich für sichere Transportwege hätten stark machen können, noch konnten sie sich auf Importe vom Festland verlassen. Daß es keine regelmäßig stattfindenden Märkte mehr gab, bekamen sie ebenso zu spüren wie das Ausbleiben fremder Händler und die Veränderungen des Handels mit dem Osten. Man schickte nun nicht mehr kleine Schiffe auf die Reise nach Osten, sondern ganze Galeerenverbände, wobei die Priorität den für die Kriegsführung erforderlichen Waren galt. Durch einen glücklichen Zufall sind die Briefe erhalten geblieben, die Martino Merlini, einer jener Händler mit bescheidenen Mitteln, an seinen Bruder schrieb, der im Osten Geschäfte zu machen versuchte. Sie sind ein beredtes Zeugnis für die Probleme, die der Krieg gerade für diese Bevölkerungsgruppe mit sich brachte.[12]

Nachdem der Krieg bereits ein halbes Jahr gedauert hatte, schrieb Merlini: »Man kann über nichts anderes mehr sprechen und nachdenken als über Krieg, Pest und die allgemeine Knappheit; vor allem aber über den Krieg. Der Krieg macht uns die Pest vergessen, denn die Zeit ist gekommen, von der unsere Vorväter sagten, daß die Lebenden die Toten beneiden werden.«[13] Ende Dezember 1509 beklagt sich Merlini bitterlich darüber, wie sehr die allgemeine Teuerung die Lebensverhältnisse für ihn und seine Familie erschwert habe: »Über die Hälfte der Woche müssen wir ohne Fleisch auskommen, und ich muß gestehen, daß ich dem

Wein Wasser beimische, sofern überhaupt noch Wein vorrätig ist.«[14] Das Bild, das sich aus diesen Briefen erschließt, ist in gewisser Weise zweideutig. Einerseits vermittelt Merlini den Eindruck, daß nahezu alle Möglichkeiten, durch Handel Geld zu verdienen, erschöpft sind. Schließlich sind die Straßen gesperrt, und jedermann denkt, es sei besser, seine Waren zu behalten als sie zu verkaufen. Außerdem will niemand etwas kaufen. In einem anderen Brief aus demselben Jahr, also 1509, schreibt Merlini, über Handel zu sprechen sei etwa so sinnvoll wie eine Diskussion über Handelsmöglichkeiten in einem unbewohnten Dorf zu führen. Er rät seinem Bruder, im Osten zu bleiben, da er als Händler in Venedig keine Chance hätte. Andererseits läßt Merlini nichts unversucht, um an vielversprechenden Geschäften teilhaben zu können. Zwar hat er selbst kaum etwas anzubieten außer Glaswaren und Seife; Silber, das ehedem ein sehr beliebtes Exportgut war, ist nicht mehr erhältlich, weil die Regierung alles Silber zu Münzen prägt. Dennoch gibt es verschiedene Dinge, die ihm sein Bruder schicken könnte, weil ihr Wert durch die militärische Nachfrage gestiegen ist. Merlini hatte einige Informationen über Salpeterminen in Tripolis und bittet seinen Bruder, diese zu überprüfen, da für Salpeter zu diesem Zeitpunkt eine große Nachfrage besteht. Ferner spricht er über die Möglichkeit, mit Materialien, die zur Herstellung von Segeln benötigt werden, sowie mit besonderen Waren wie Heilkräutern große Gewinne erzielen zu können. Auch Edelsteine wie Rubine, Diamanten oder Türkise werden nach wie vor gekauft, doch können sich nur reiche Händler erlauben, sie zu vertreiben.

Es mache keinen Sinn, so die Warnung Merlinis an seinen Bruder, Waren nach Venedig zu schicken, für die keine besondere Nachfrage bestehe, denn ihr Verkauf wäre äußerst schwierig; vor allem aber ginge der ganze Profit wieder durch Steuern verloren. Von allen Schwierigkeiten und Problemen, die der Krieg für den Handel mit sich gebracht habe, seien Steuern die weitaus schlimmsten und ruinösesten. Die Klage über zu hohe Steuern nimmt immer mehr Raum in Merlinis Briefen ein und wird beinahe zum beherrschenden Thema: »Wenn dieser verfluchte Krieg noch ein weiteres Jahr dauert, dann werden wir wohl alles verloren haben, weil das ganze Geld in den Kauf von Lebensmitteln und die Begleichung der Steuern fließt.« Seine Verzweiflung über die zu hohen Steuern wird nach und nach zu einer Obsession, doch es gibt noch andere Gründe für seine Klage. Die zwischen Januar und April 1511 eingeführten Steuern standen an Umfang und Höhe den auf dem Gipfelpunkt der Krise von 1509 eingeführten in nichts nach und dies, obwohl die Steuerschraube auch in der dazwischenliegenden Zeit fortwährend angezogen worden war.[15] Merlini war von tiefer Verzweiflung geschlagen. Sein Bruder hatte den Kindern des Hauses einen Papageien geschickt und erkundigte sich nun in einem Brief, ob er wohl zu sprechen gelernt habe. Die Antwort, die er hierauf erhielt, ist fast schon beleidigend: »Gewiß geht es dem Papageien gut, aber gelernt hat er nichts, weil wir durchaus andere Dinge im Kopf haben, als einem Papageien das Sprechen beizubringen. Was wir die letzten beiden Jahre durchgemacht haben, hat jede Art von Vergnügen aus unseren Köpfen vertrieben.«

Freilich gab es Gruppen in der venezianischen Bevölkerung, die weniger unter den Kriegsfolgen zu leiden hatten. Obwohl der Importrückgang in manchen Bereichen zu Arbeitslosigkeit führte, bestand dennoch ein großer Bedarf an Arbeitskräften im Schiffbau, der infolge des Krieges florierte. Auch die Produkte anderer Wirtschaftszweige, wie zum Beispiel Seife oder Glas, fanden nach wie vor Absatz auf dem heimischen Markt oder konnten exportiert werden. Die reiche Oberschicht des venezianischen Patriziats blieb zwar von den Auswirkungen des Krieges nicht unberührt, mußte aber dennoch nicht die Unannehmlichkeiten teilen, unter denen die übrige Bevölkerung zu leiden hatte; schließlich lebten sie auf sehr viel größerem Fuß als der Durchschnittsbürger. Merlini war sich dieser Tatsache wohl bewußt.[16] Er besteht darauf, daß sein Bruder gewisse Geschäfte zum Abschluß bringt, die er für Pietro Diedo eingefädelt hatte. Merlinis Einschätzung zufolge ist Diedo ein sehr reicher Mann mit einem Vermögen von etwa 20-30000 Dukaten. Trotz seines jugendlichen Alters ist er bereits Mitglied des Rates der Savi. Ein Kontakt mit ihm könnte daher den geschäftlichen Erfolg des Bruders nach sich ziehen. Merlini selbst schätzt seine Profitchancen zu Beginn des Jahres 1511 äußerst düster ein und erwägt, mitsamt seiner Familie auf das Land zu ziehen, wo er von dem leben kann, was er anbaut, und zudem ordentliche Preise für seine Produkte bekommt. Dies, so meint er, sei aufgrund seiner Verbindungen zu einem gewissen Contarini denkbar, der vorhabe, ein großes Stück Land zu verpachten und Merlini einen Teil überlassen könnte.

Merlini zufolge wurde die ökonomische Lage der großen venezianischen Familien durch den Krieg kaum berührt. Tatsächlich blieb das Vermögen dieser Familien größtenteils auch im Krieg beträchtlich, wenngleich sich ihre Situation aus der Perspektive eines in Schwierigkeiten geratenen Mannes ungleich stabiler ausnehmen mag, als sie es in Wirklichkeit war. Manche hatten profitable Investitionen in den venezianischen Herrschaftsgebieten auf Kreta oder Zypern getätigt. Allein oder im Verbund mit anderen hatten sie sich auf Auktionen vor dem Auslaufen der Geleitzüge erfolgreich um die Nutzung von Galeeren beworben und verfügten aufgrund ihrer politischen Verbindungen über gezielte Informationen darüber, für welche Waren selbst in Kriegszeiten die größte Nachfrage bestand. Überdies konnten sie mit Hilfe ihrer Kontakte zum Militär landwirtschaftliche Produkte aus eigenem Anbau auf dem Markt in Venedig anbieten. Auf diese Weise vermochten sie, den gewohnten Lebensstil beizubehalten.

Dieser Luxus erregte aber auch Neid, zumal viele Angehörige der reichen Familien zugleich Mitglieder der Regierung waren und man den Eindruck gewinnen konnte, daß Leiden und Nöte der übrigen Bevölkerung durch deren Politik verursacht werden. Selbst Sanudo, sonst eher geneigt, die Reichen und Mächtigen zu bewundern als sie zu kritisieren, war ziemlich erbost, als er hörte, daß das Schiff, mit dem Alvise Arimondo, der gerade ernannte Botschafter in Konstantinopel, segeln sollte, durch schlechtes Wetter im Lido festgehalten wurde und Arimondo sich in Erwartung besseren Wetters einstweilen auf der unmittelbar zu Venedig gehörenden Insel Sant' Elena aufhielt, wo er von der Regierung eine Tageszuwendung in Höhe von fünf Dukaten bezog.[17]

In Venedig lebte man jedoch viel zu dicht aufeinander, als daß der Regierung das gärende Unbehagen hätte verborgen bleiben können. Also ergriff sie Maßnahmen, die die Furcht erkennen lassen, daß die Unzufriedenheit des Volkes in gefährliche, ja gewalttätige Ausbrüche umschlagen könnte. Die Karnevalszeit bot sich als Gelegenheit für unliebsame Zwischenfälle geradezu an, und so erließ der Rat der Zehn in den ersten Februartagen des Jahres 1511 eine Verordnung, derzufolge das Tragen von Masken oder andere Formen der Verkleidung in diesem Jahr unterbleiben mußten.[18] Auch wenn dies als Sicherheitsmaßnahme vielleicht geeignet sein mochte, so war doch das Verbot von Vergnügungen, die jedermann vermissen mußte, kaum dazu angetan, die sozialen Spannungen abzubauen. Infolgedessen wurde am 14. Februar 1511 ein von allen Mitgliedern des Collegios unterzeichneter Gesetzesvorschlag bei den Pregadi eingereicht, der zum Ausdruck bringen sollte, daß die Regierung von allen Bevölkerungsschichten, also auch von den obersten Schichten, gleichermaßen Opfer verlangte.[19] Die Einleitung zu diesem Vorschlag, der mit überwältigender Mehrheit angenommen wurde, zeigt unzweideutig die dahinterstehenden Motive: »Obwohl wir in großer Gefahr sind und jedermann dies weiß, gibt es viele, die in Mißachtung Gottes und der ihm geschuldeten Verpflichtungen sowie in Mißachtung der Ehre und der Bedürfnisse unserer Republik ... noch immer große und überflüssige Summen an Geldern ausgeben. Hierdurch fügen sie sich selbst Schaden zu und ziehen den Ärger aller auf sich; auch zeigen sie nur wenig Liebe für ihr Vaterland, da viele von ihnen dieses Geld ausgeben, ohne ihre Steuern bezahlt zu haben, deren Erhebung den Bestand des Staates sichern und unser aller Existenz schützen soll.« Die Regierung schlug vor, zwei Prokuratoren von San Marco zu Beamten zu ernennen, deren Aufgabe darin bestand, die Umsetzung der Gesetze zu gewährleisten, welche unnötigen Luxus und die Verschwendung von Geldern verhindern sollten. Bald darauf erließen die Beamte entsprechende Verordnungen:[20] Jegliche Form der Zurschaustellung von Reichtum wurde untersagt; die Kleidung hatte einfach zu sein, und das Tragen von Schmuck wurde verboten.

Wenige Tage, nachdem diese Restriktionen publik gemacht worden waren, gab Antonio Grimani sein Bankett zu Ehren Chigis, das unter anderem von zwanzig elegant gekleideten und mit Schmuck behängten Damen besucht wurde. Dies stellte eine offene Verletzung der eine Woche zuvor erlassenen Verordnung dar. Kaum hatte sich die Kunde von dem Bankett verbreitet, gab es auch schon Proteste. Der bekannte Rechtsanwalt Gasparo Malipiero forderte die Regierung auf, zu intervenieren und das Bankett zu verbieten.[21] Grimani hatte für diesen Fall vorgesorgt und sich eine Sondergenehmigung eingeholt, was jedoch die Vertreter einer strikten Gesetzesauslegung nicht zu beschwichtigen vermochte. Grimani war mit seinem Gesuch lediglich beim Rat der Zehn, nicht aber bei den Pregadi vorstellig geworden. Es muß an dieser Stelle hervorgehoben werden, daß nicht nur Grimani, sondern auch andere, die zu dieser Feierlichkeit geladen waren – etwa Bernardo Bembo, Pietro Duodo, Giorgio Emo, Luca Tron, Lorenzo Cappello, Alvise Pisani – das Gesetz gegen den Luxus bei den Pregadi unterstützt hatten. Offensichtlich waren sie sich des Eindrucks bewußt, der entstehen mußte, wenn jene, die das Gesetz durchgebracht hatten, sich selbst nicht daran gebunden fühlten. Die Tatsache, daß Grimani dennoch auf der Durchführung des Empfangs bestand und die anderen bereitwillig der Einladung folgten, zeigt, daß sie hinter Chigis Anwesenheit andere Absichten als nur die Verfolgung eines betrügerischen Schuldners vermuteten und daß Chigis Besuch von allgemeiner Bedeutung für die venezianische Politik gewesen sein könnte.

Dies wird deutlich, wenn man sich vor Augen führt, wer zu diesem Empfang geladen war. Selbstverständlich bekleideten sie alle hohe Regierungsfunktionen, aber dennoch stechen einige besonders hervor: namentlich Alvise Pisani, die Gebrüder Lorenzo und Piero Cappello. Die Namen Pisani und Cappello tauchen in den Zeitdokumenten häufig auf, und zwar nicht nur in ihrer Funktion als Mitglieder des Rates der Savi, dem sie fast ununterbrochen angehörten,[22] sondern als Finanziers, die maßgeblichen Anteil an der Rekrutierung und am Unterhalt der Streitkräfte hatten. Bankiers spielten bei der Finanzierung des Krieges eine ausschlaggebende Rolle, doch war die Zahl der venezianischen Banken sehr klein. Zu Beginn des Krieges der Liga von Cambrai gab es in Venedig lediglich drei Banken: die Häuser Alvise Pisani, Cappello-Vendramin und das Haus des Tagebuchautors Girolamo Priuli. Die Feldzüge des Jahres 1510 und deren Fortführung über den Winter hatten dazu geführt, daß ihre Ressourcen in bedrohlichem Maße unter Druck geraten waren.

Als der Krieg gegen Ende des Jahres 1508 zu einer realen und unmittelbaren Bedrohung geworden war, diskutierten die Pregadi in mehreren Sitzungen die Größe der erforderlichen Streitkräfte und die Finanzierung der Armee.[23] Die Summe, die zur Finanzierung eines Feldzugs für ein einziges Jahr, also von Frühjahr bis Anfang Herbst, erforderlich war, wurde auf eine Höhe von 240 000 Dukaten geschätzt. Von diesem Betrag können etwa 100 000 Dukaten nicht als Notauslagen betrachtet werden, da diese Gelder an die Kommandanten gingen, die in den Städten sowie auf den Inseln und Festungen des venezianischen Reiches entlang der Adriaküste bis nach Griechenland stationiert waren. Die übrigen 140 000 Dukaten waren für die *condottieri* bestimmt, die für den bevorstehenden Krieg angeheuert werden mußten. Der Oberbefehlshabende – Generalhauptmann war sein Titel – war Niccolo Orsini, Graf von Pitigliano; er bezog ein jährliches Einkommen von 50 000 Dukaten. Der zweithöchste Befehlshaber mit dem Titel Generalgouverneur war Bartolommeo d'Alviano; sein Einkommen belief sich auf 30 000 Dukaten.[24] Darüber hinaus wurden zahlreiche weit schlechter bezahlte *condottieri* von den Venezianern in Dienst genommen. Der Vertrag legte außerdem fest, wieviele Männer jeder *condottiere* bereitstellen mußte.[25]

Auch wenn niemand an der Notwendigkeit zweifelte, Orsinis und d'Alvianos Dienste in Anspruch nehmen zu müssen, gab es dennoch Kontroversen über die außergewöhnliche Höhe dieser Militärbudgets. Bestritten werden sollten die Militärausgaben durch die Zahlungen der Städte auf dem Festland: Padua, Vicenza, Verona, Brescia, Bergamo, Cremona, Crema, Udine, Treviso, Rovigo, Ravenna, Rimini und Fiume. Da deren reguläre Abgaben jedoch kaum ausreichten, mußten diesen Städten zusätzliche Steuern auferlegt werden. Der Verlust der Städte auf dem Festland kurz nach Kriegsbeginn hatte zahlreiche Konsequenzen: Viele lukrative Verwaltungsposten für die Mitglieder des venezianischen Adels gingen verloren; der Handel ging zurück, wodurch die Einkünfte der Händler und die Einnahmen der venezianischen Regierung aus deren Abgaben schrumpften; auch dies zwang die Regierung, neue Einkommensquellen zur Finanzierung des Krieges zu erschließen.[26]

Hierbei griff sie auf dasselbe Mittel zurück, auf das sich alle Regierungen in vergleichbaren Situationen besinnen: sie erhöhte die Steuern.[27] Mit dem Wegfall der Einkünfte vom Festland mußte sich die venezianische Regierung nunmehr auf das Steueraufkommen der Stadtbewohner stützen. Hierbei konnten die indirekten Steuern — etwa die Abgaben auf Konsumgüter wie Wein oder Öl oder die Einnahmen aus der Verwaltung des Salzmonopols — nicht wesentlich erhöht werden. Tatsächlich ging das Einkommen aus derlei Quellen aufgrund der kriegsbedingten Rezession eher noch zurück. Lediglich die direkten Steuern konnten in noch höherem Maße ausgeschöpft werden. Diese waren um die Mitte des 15. Jahrhunderts eingeführt worden; jeder Bewohner Venedigs mußte damals den Wert seines Hauses und anderer immobiler Besitztümer auf dem Festland oder in der Stadt sowie die aus ihnen bezogenen Pachtzinsen erfassen lassen. Auf der Grundlage dieser Zählung wurde eine Steuer eingeführt, die man die *decima* nannte, da sie zur Abführung eines Zehntels der aus diesen Besitztümern bezogenen Einkünfte verpflichtete. In ruhigen Zeiten wurde diese Steuer zweimal jährlich eingezogen. Im ersten Kriegsjahr 1509 jedoch wiederholte sich die Erhebung neun Mal und in den beiden Folgejahren jeweils 5 oder 6 Mal. Es muß jedoch hinzugefügt werden, daß die *decima* nur zu einem Teil eine Direktsteuer im modernen Sinne, also eine Zahlung ohne Aussicht auf Rückzahlung oder Entschädigung, war. Diesen Teil nannte man die *decima persa* (verlorene decima). Der Rest der *decima* wurde hingegen wie ein Darlehen behandelt, auf das die Regierung Zinsen in Höhe von durchschnittlich fünf Prozent bezahlen mußte und zu deren Rückzahlung sie nach Ablauf einiger Jahre verpflichtet war.

Die Institution, die das der Regierung geliehene Geld verwaltete, war der sogenannte Monte; als Rücklage wurden ihm die Einkünfte aus bestimmten Steuern überschrieben. Nun gab es die Möglichkeit, seine Ansprüche auf Teile des Monte-Kapitals zu verkaufen. In wirtschaflich prosperierenden Zeiten hatten diese Anteile – wir würden heute von Monte-Aktien sprechen – einen hohen Wert, und viele Venezianer investierten ihr Geld auf diese Weise. In Kriegs- oder Rezessionszeiten aber konnte die Regierung die versprochenen Rückzahlungsfristen nicht einhalten und fror die Zinszahlungen mitunter vollständig ein. Dies hatte zur Folge, daß der Wert der Monte-Anteile fiel, ja, daß diese zuweilen sogar nahezu wertlos wurden. Der Verlust des Festlandes sowie die wachsenden finanziellen Belastungen des Krieges hatten dazu geführt, daß der Monte insolvent geworden war, wodurch sich die wirtschaftliche Lage vieler Venezianer noch weiter verschlechterte. Dennoch zog die Abschreibung der Schulden, zu deren Zahlung die Regierung gegenüber jenen verpflichtet war, die ihre Abgaben geleistet oder sie als verzinsliches Darlehen angelegt hatten, keine Änderung des Besteuerungssystems nach sich. Es blieb weiterhin bei der Voraussetzung, daß ein Teil der *decima* als Darlehen betrachtet wurde. Im November 1509 wurde schließlich ein neuer Monte, der sogenannte Monte Novissimo eingerichtet. Dieser sollte zunächst die Zinsen der aus den Kriegssteuern geschöpften Darlehen und später die Gesamtbeträge der Darlehen zurückzahlen.

Die Einrichtung des Monte Novissimo war noch aus einem weiteren Grund unumgänglich geworden: Zusätzlich zum Instrument der Steuerschraube kannte Venedig – wie auch andere Regierungen in der Renaissance – noch ein weiters Mittel der Gelderbeschaffung in Notsituationen. Gemeint sind die freiwilligen Darlehen, deren Verleihung man von den reicheren Bürgern erwartete, wenn nicht sogar erzwang. Auch diese Darlehen wurden dem Monte überschrieben und man knüpfte an sie dieselbe Erwartung auf Rückzahlung mit Zinsen. Besonders dringlich wurde der Bedarf an solchen Darlehen im Jahr 1510; von Sitzreihe zu Sitzreihe forderte der Doge Loredan die Mitglieder der Pregadi damals einzeln zur Abgabe solcher Darlehen auf. Daß diese Aufrufe – insbesondere die späteren – nur enttäuschend kleine Summen in die

Truhen der Stadtkämmerer einbrachten, war indessen bereits ein Zeichen für das schwindende Vertrauen in die Wiedererlangung der finanziellen Stärke der Stadt.

Die finanziellen Schwierigkeiten Venedigs wurden zudem noch durch die völlige Fehleinschätzung der Kriegsfinanzierung verschärft. Wie viele andere Regierungen – gerade auch in neuerer Zeit – gingen die Venezianer von einer eher kurzen Kriegsdauer aus und glaubten infolgedessen, daß sich die Verhältnisse nach Bewältigung der momentanen Notlage von selbst klären würden. Darüber hinaus brauchten sie dringend Bargeld und legten daher größten Wert auf die rasche Beschaffung von Geld. Wer daher seine Steuern noch vor Ablauf einer bestimmten Frist bezahlen oder seine Darlehen möglichst rasch zur Verfügung stellen konnte, der hatte am Monte Anspruch auf Rückzahlung einer Summe, welche den eingezahlten Betrag überstieg. Zudem konnten die Monte-Anteile in diesem Fall bereits als künftige Steuerleistungen geltend gemacht werden. Indem die Regierung diesen Verschiebungen im Steuerhaushalt zustimmte, gab sie zugleich ihre Einwilligung zur Schmälerung künftiger Steueretats. Somit war die Bewältigung einer momentanen Notlage um den Preis der Verschärfung künftiger Probleme erkauft.

Ein weiterer Grund für den Rückgang der Regierungseinkünfte lag in der Finanzierung des Söldnerheeres. Es konnte nicht ausbleiben, daß zwischen dem Termin, zu dem die Zahlungen an die Armee fällig wurden und dem Zeitpunkt, an dem die hierfür erforderlichen Steuergelder abrufbar waren, ein Zwischenraum entstand. In dieser Lage war die Hilfestellung der Bankiers unverzichtbar; durch Vorschüsse halfen sie, die so entstandenen Lücken zu überbrücken. Allerdings verlangten sie hierfür größere Sicherheiten als nur Steuern oder Darlehen, deren Verbindlichkeit doch äußerst vage war; sie boten allenfalls gewisse Aussichten, nicht aber Sicherheit. Aus diesem Grund wurden den Bankiers Ansprüche auf sichere Regierungseinkünfte, wie etwa die Salzsteuern, gewährt, was jedoch wiederum zur Folge hatte, daß auch diese Geldquellen schon auf Monate hinaus hypothekarisch belastet waren. Die Länge des Krieges und der besondere Ernst der Lage, die durch den Vorstoß feindlicher Truppen auf das Festland Venedigs entstanden war, zwangen die venezianischen Herrscher, über die traditionellen Instrumente der Kriegsfinanzierung hinauszugehen und neue Wege zu ersinnen.

So begann man im März 1510 mit dem Verkauf von Ämtern, ein Verfahren, das den ganzen Krieg über andauern und immer mehr Anwendung finden sollte.[28] Zunächst wurden nur kleinere Positionen und Geschäftsvorgänge, welche die Regierung normalerweise für einen begrenzten Zeitraum ausgab, jenen auf Lebenszeit oder sogar als vererbliche Stellung angeboten, die die jeweilige Position innehatten und bereit waren, einen bestimmten Betrag für sie zu bezahlen. Doch schon bald darauf, am 17. März, beschloß der Rat der Zehn, daß zehn Adlige gegen eine Bezahlung von je 2000 Dukaten für ein Jahr Mitglieder der Pregadi werden konnten, wenngleich ohne Stimmberechtigung. Von diesen 2000 Dukaten sollten ihnen 1000 am Monte gutgeschrieben werden, und mit der Quittung über die anderen 1000 konnten sie ihre künftigen Steuern begleichen. Schon bald wurde die Zahl derer erhöht, die den Pregadi aufgrund finanzieller Gegenleistungen beitreten konnten, so daß zu Beginn des Winters 1510/11 bereits 39 Adlige von dieser Möglichkeit Gebrauch gemacht hatten. Im darauffolgenden September wurde der Preis auf 1000 Dukaten herabgesetzt, wobei die Summe auch in Raten entrichtet werden konnte und die Dauer der Mitgliedschaft nicht mehr auf ein Jahr beschränkt blieb, sondern bis zur Rückzahlung des Darlehens durch die Regierung währte. Die Möglichkeit, sich bei den Pregadi einzukaufen, hatte der Regierung um die 40000 Dukaten verschafft, doch mußte dieses Verfahren an Attraktivität verlieren, je größer die Zahl derer wurde, die von ihm Gebrauch machten.

Im Herbst 1510 schließlich trockneten alle Quellen zur Finanzierung des Krieges aus; die prekäre Finanzlage wurde jedoch durch den Umstand weiter verschärft, daß der Papst darauf bestand, den Feldzug gegen Ferrara im Winter fortzuführen. Von den beiden *provveditori* – Andrea Gritti stand mit einem Teil des Heeres bei Montanara, um Venedig gegen einen Angriff von Norden zu verteidigen, während die andere Hälfte unter Paolo Cappello mit den päpstlichen Truppen kooperierte – kamen verzweifelte Hilferufe nach mehr Geld, und die venezianische Regierung hatte alle Mühe, diesen Forderungen nachzukommen.[29] Um die Beziehungen zwischen Venedig und dem Papst nicht zu beeinträchtigen und um dessen Wohlwollen nicht aufs Spiel zu setzen, wurde dem Feldzug gegen Ferrara allergrößte Bedeutung beigemessen, so daß Cappellos Forderungen in gewisser Weise bevorzugt behandelt wurden. So erklärt sich, weshalb dieser am 27. Oktober den Pregadi zu deren angenehmster Überraschung schreiben konnte, was noch kein *provveditore* zuvor geschrieben hatte, nämlich daß er über ausreichende Geldmengen verfügte.[30] Allerdings bekam Gritti weniger und seine Forderungen mußten unbefriedigt bleiben. In allen seinen Berichten entschuldigte er sich für die fortwährenden Nachfragen um Geld, aber »Gott weiß, daß ich nicht an Eure Hoheit schreibe, weil ich etwa nicht die Besorgnis und die unternommenen Anstrengungen zu würdigen wüßte, sondern lediglich, weil es mir zum gegenwärtigen Zeitpunkt erforderlich scheint, daß meine Truppen ebenso zufriedengestellt werden sollten wie die anderen, die bezahlt wurden.«[31] Den beiden *provveditori* war sehr wohl bewußt, daß ausbleibende Erfolge nicht dazu angetan waren, ihren Geldforderungen den notwenigen Nachdruck zu verschaffen. Als ein Angriff seiner Truppen gegen Verona bei stürmischem Regen im Schlamm stecken blieb, war Gritti sehr darum bemüht, als mildernde Umstände geltend zu machen, daß »man gegen den Willen Gottes nicht vorrücken kann.«[32]

Geldknappheit, verspätete Zahlungen und militärische Fehlschläge führten in den ersten Monaten des Jahres 1511 zu einer krisenartigen Zuspitzung der Lage. Venedig drohten von zwei Seiten Gefahren: Die Bewohner des Festlandes bezogen eine zusehends feindlichere Haltung, weil sie sich schlecht behandelt fühlten und ihre Interessen mißachtet glaubten. Da die Soldaten den ihnen zustehenden Lohn nicht erhielten, lebten sie von den Erträgen des Landes, raubten, plünderten und brauchten Gewalt gegen die Bauern, die sich zur Wehr zu setzen versuchten. Grittis Berichte geben ein Bild vom Ausmaß des Leids, das die Bevölkerung zu ertragen hatte. Aus den umliegenden Ortschaften waren Bauern zu ihm gekommen, die man geschlagen und verletzt hatte und deren ganze Habe – Möbel, Wein, Weizen, Vieh und Kleider – ihnen »von unseren Soldaten« geraubt worden war.[33] Er erzählt von einem armen Viehhändler, dem es unter großen Anstrengungen gelungen war, hochwertiges Vieh von Parma nach Veneto zu bringen, um es in Venedig zu verkaufen. Als er jedoch an einer Gruppe von Soldaten vorbeikam, raubten diese ihm das Vieh und ruinierten ihn auf diese Weise. Er weinte in einem fort und Gritti war sehr bewegt; doch waren keinerlei Gelder verfügbar, um diesem Mann auch nur eine kleine Wiedergutmachung widerfahren zu lassen.[34] Derlei Berichte sind aber keineswegs nur von Sympathie oder Mitgefühl gekennzeichnet; vielmehr sollten die venezianischen Herrscher begreifen, daß die aus solchen Ausschreitungen resultierende Unzufriedenheit schließlich auch die Sympathien der Bevölkerung für Venedig zunichte machte und »unsere eigenen Interessen aufs Spiel setzte«.

Auf der anderen Seite erwuchsen Gefahren aus der Tatsache, daß die Soldaten zum Plündern gezwungen waren. Die Disziplin ging mehr und mehr verloren, und es schien äußerst fraglich, ob die erforderliche Widerstandskraft im Falle eines Wiederaufflammens des Krieges zu mobilisieren sein würde. Mitte Dezember erhielt Gritti 3 000 Dukaten. Als er das Geld an die Kommandanten von sechs Kompanien verteilte, die zwei Monate keine Bezahlung mehr erhalten hatten, sagte er ihnen, daß dies auch die Gelegenheit sei, um die Disziplin wiederherzustellen.[35] Sie sollten den Männern sagen, daß sie fortan ihre Lager nicht verlassen und keine Frauen in das Lager mitbringen durften, ferner, daß sie sich ordentlich verhalten sollten und daß Überschreitungen hart bestraft würden. Derlei Aufrufe und Appelle blieben jedoch weitgehend wirkungslos, da die Zahlungen schon nach kurzer Zeit wieder ausblieben. Ende Januar berichtete Gritti, daß die Soldaten sich vom Ertrag des Landes ernähren mußten und deshalb weit verstreut waren. Es war daher unmöglich, sie im Ernstfall rasch zu versammeln. Das Leiden der Bevölkerung ging weiter. Von diesem Zeitpunkt an verschlechterte sich die Lage ständig. Auch Cappello begann nun, dringlichere Geldforderungen zu erheben. Die *provveditori* waren geradezu verzweifelt, da immer deutlicher wurde, daß die Franzosen Truppen für einen Angriff zusammenzogen und sie fürchten mußten, daß ihre unzufriedene und undisziplinierte Armee ihnen keinen Widerstand entgegenzusetzen vermochte. Überdies nutzten manche *condottieri* diese Lage, um kundzutun, daß sie sich für den Fall des Ausbleibens der versprochenen Gelder nicht länger an die getroffenen Abmachungen gebunden fühlten und sich ganz einfach davonmachen würden.[36] Der Höhepunkt war am 21. März 1511 erreicht; an diesem Tag traf ein Bericht von Cappello ein, demzufolge die Franzosen fortwährend Verstärkung erhielten, während die über die ausbleibende Entlohnung verärgerten venezianischen Truppen und ihre *condottieri* den Kampf gar nicht erst aufnehmen wollten. Auf Seiten der venezianischen Herrscher konnte nun kein Zweifel mehr bestehen, daß die Situation nicht nur äußerst ernst geworden war, sondern darüber hinaus rasches Handeln erforderlich machte.[37]

In den vorausgehenden Monaten waren sich die venezianischen Patrizier, die die Politik zu bestimmen hatten, zwar wohl der Nöte der Armee bewußt gewesen, doch neigten sie eher zu der Ansicht, daß die *provveditori* ihre schwierige Lage in übertrieben düsteren Farben gemalt hatten, um ihren Forderungen Gehör zu verschaffen. Wie vermutlich auch andere Bankiers, reagierte Priuli äußerst mißtrauisch, als er von den nie abreißenden Geldforderungen hörte. In seinem Tagebuch finden sich Eintragungen, in denen er, offenkundig verärgert, schreibt, daß sich die beiden *provveditori* wie gewöhnlich noch am selben Ort wie zuvor befänden, nichts täten, Zeit vergeudeten und nur immerfort »Geld, Geld« schrien.[38] Im März jedoch änderte sich die Stimmung. Der Regierung wurde klar, daß die französische Offensive die Existenz der venezianischen Republik gefährdete und daß den Franzosen nur dann mit der gebotenen Widerstandskraft zu begegnen war, wenn die Forderungen der *provveditori* erfüllt würden. Aus einer langen Betrachtung, die Priuli noch in der ersten Märzwoche niederschrieb, geht hervor, wie sehr sich die venezianischen Herrscher bedroht fühlten. Die Passage verdient, ausführlich zitiert zu werden, da sie nicht nur auf die aktuellen Schwierigkeiten eingeht, sondern auch die Faktoren aufzählt, die zur Entstehung dieser Lage geführt hatten.[39]

Der Hauptgrund lag darin, so Priuli, daß keine finanziellen Rücklagen mehr vorhanden waren. Früher war fast das ganze Geld, das zum Unterhalt der Streitkräfte benötigt wurde, vom Festland und von der Lombardei aufgebracht worden, während nun die ganze Last auf die Bewohner Venedigs abgewälzt wurde. Eine Armee zu finanzieren kam jedoch etwa dem Austrocknen eines Ozeans gleich. Angesichts des Arbeitsmangels und des rückgängigen Handels waren die Steuerlasten unerträglich geworden. So lange die Menschen noch Geld verdient hatten, waren sie gewillt, für den Erhalt ihrer kostbaren Freiheit und für ihre Verteidigung gegen die Feinde von der anderen Seite der Alpen Steuern zu zahlen. Es mußte dringend Geld für die Soldaten aufgetrieben werden, doch die Zahlungen verzögerten sich. Als man den Soldaten sagte, sie erhielten ihren Lohn nach Ablauf von 45 Tagen, und sie selbst nach 50 Tagen nichts als nur leere Versprechungen bekommen hatten, plünderten sie schließlich das Land. Unterstützung für die Bauern war nun dringend geboten, wollte man sie nicht den Hungertod sterben lassen. In großer Anzahl verließen die Soldaten ihre Lager; dies war umso gefährlicher, als der Papst hieraus den Schluß ziehen konnte, die Venezianer wären nicht bereit, die für die Kriegsführung erforderlichen Opfer aufzubringen; möglicherweise konnte dies sogar zu einer Übereinkunft zwischen dem Papst und Frankreich führen. Andererseits würden die Franzosen, sobald sie merkten, daß die Venezianer nicht in der Lage waren, ihre Streitkräfte zusammenzuhalten, dazu ermutigt, ihre Offensive mit um so größerer Entschlossenheit fortzusetzen. Am Ende dieser Überlegungen unternimmt Priuli einen Angriff auf Gritti. Er schreibt, er sei sich wohl der Tatsache bewußt, daß Gritti einen ausgezeichneten Ruf in ganz Italien genieße; in der gegenwärtigen Situation aber leiste er nur schlechte Dienste, weil er die Senatoren zur Verzweiflung treibe mit seinen Prognosen, wonach alles zusammenbreche, wenn er das geforderte Geld nicht erhalte. Priuli war zugegen gewesen, als Grittis Bericht im Senat verlesen wurde, doch nun, so meint er, sei er wenig geneigt, die Sitzungen zu besuchen, da ihn all die Klagen und Beschwerden niederschmetterten.

Nichtsdestoweniger spielte Priuli, als am 21. März auch Cappellos Bericht eintraf, eine entscheidende Rolle bei der Überwindung der Krise. Der zu diesem Zeitpunkt für die Überwachung der Regierungsgelder verantwortliche venezianische Patrizier war Lorenzo Priuli, der Vater von Girolamo Priuli. Einer Tagebucheintragung zufolge wußte Girolamo, daß er das Ansinnen seines verehrten Vater nicht zurückweisen konnte und noch in derselben Nacht gelang es ihm, 3 000 Dukaten aufzutreiben und sie in das Büro seines Vaters zu bringen, der sie umgehend an Cappello weiterleiten konnte.

Priulis Bericht verdeutlicht auf dramatische Weise, welche Rolle den venezianischen Bankiers in diesem Krieg zukam. Soweit die etwas unzusammenhängenden Dokumente diesen Schluß zulassen, waren sämtliche Zahlungen, welche die beiden *provveditori*, Gritti und Cappello, seit Beginn des Jahres 1511 erhielten, von den venezianischen Banken vorgestreckte Darlehen.[40] Allein im März wurden 13 500 Dukaten an Cappello geschickt. Hiervon stammten 8 000 aus dem Hause Cappello-Vendramin, die übrigen vom Chef der Priuli-Bank, Girolamo Priuli. Da die Erhebung weiterer *decime* beziehungsweise die Aufrufe zur Bereitstellung von Darlehen keine nennenswerten Summen einzubringen versprachen, wurden diese Quellen auch nicht länger als Garanten für die Rückzahlung der von den Bankiers geleisteten Vorschüsse betrachtet. Aus diesem Grunde verlangten die Bankiers andere Sicherheiten, die sie denn auch erhielten: Sie umfaßten Ansprüche auf die von den Juden entrichteten Steuern, auf die Salzsteuer sowie auf die Abgaben für Wein und Öl. Da aber die Einnahmen aus diesen Steuern begrenzt waren, erhielten nicht nur einer, sondern mehrere Kreditoren Zuweisungen aus ein und derselben Einnahmequelle. So mußte etwa Cappello-Vendramin mit seinen Forderungen so lange warten, bis Priulis Ansprüche aus den Einkünften der Weinsteuer beglichen werden konnten. Priuli seinerseits mußte sich mit der Rückzahlung eines anderen Darlehens so lange gedulden, bis die Prokuratoren von San Marco deren Darlehen aus der

Salzsteuer zurückerstattet bekommen hatten. Es ist daher kein Wunder, wenn Priuli im Zusammenhang mit den Bemühungen, seinem Vater zu helfen, schreibt, er bereue es jetzt sehr, Bankier geworden zu sein, denn er müsse fürchten, daß die Sache einen schlechten Ausgang nehmen und er zusammen mit vielen anderen Bankiers bankrott gehen könnte. Die Bankiers hatten bei den Zahlungsmechanismen immer eine nicht unwesentliche Rolle gespielt, waren sie es doch, die die zeitliche Lücke zwischen momentanem Geldbedarf und der Einkunft der Erträge aus *decime* und Zwangsdarlehen überbrücken halfen. Zu Beginn des Frühjahrs 1511 verlängerte sich dieser Zeitraum jedoch beträchtlich. Die Beteiligung an den Finanzgeschäften der Regierung wurde nun zu einer erheblichen Belastung für die Ressourcen der Bankiers, da sich der Termin für die Rückzahlung ihrer Vorschüsse immer weiter verzögerte.

Die Nachfrage nach Geld war indessen ungebrochen groß. Das Frühjahr würde gewiß eine Ausweitung der Kriegshandlungen mit sich bringen; der Papst würde von den Venezianern einen kräftezehrenden Militäreinsatz verlangen und Venedig hatte allen Grund, seine guten Beziehungen zu Julius II. nicht zu gefährden. Schließlich hatte der Papst die Möglichkeit, sich mit Frankreich zu einigen, was Venedig unmöglich war.[41] Außerdem versuchte der Papst, den deutschen Kaiser zur Aufgabe seiner Allianz mit Frankreich zu bewegen, und Venedig mußte fürchten, daß ein Frontenwechsel Maximilians zu seinen Lasten gehen würde: Entweder müßte Venedig einen Großteil seines Festlandes Maximilian überlassen, oder es sähe sich mit der Forderung konfrontiert, ihm für seine Besitztümer einen hohen Tribut bezahlen zu müssen. Schließlich waren sowohl der Papst als auch die Venezianer überzeugt, daß der Intervention der Schweizer Landsknechte im Krieg gegen Frankreich ein bedeutendes Gewicht zukäme – nicht von ungefähr hatten die Schweizer einen hohen Preis für ihre Dienste verlangt. Als der dritte Feldzug des Krieges der Liga von Cambrai unmittelbar bevorstand, beherrschte der Geldmangel das Denken der venezianischen Führungsschicht. Die Ankunft eines Mannes, der im Ruf stand, der reichste Kaufmann der Welt zu sein, hätte auch unter normalen Umständen die Neugier der Venezianer geweckt; unter den erschwerten Bedingungen aber, die der Krieg mit sich gebracht hatte, verlangte solch unbegrenzter Reichtum, mit besonderer Ehrfurcht und Aufmerksamkeit behandelt zu werden. Die Wohlhabenden und die Bankiers hatten freilich besonderes Interesse an seiner Anwesenheit. Es gab daher zwangsläufig von allem Anfang an viele Spekulationen über die wahren Absichten, die Chigi mit seinem Besuch in Venedig verfolgte.

III

DER VERTRAG

Am 2. März 1511 schließlich wurden Chigis Absichten etwas durchsichtiger. Das Gerücht ging um, er verhandle mit der venezianischen Regierung über ein Geschäft, bei dem es um den Verkauf einer großen Menge Alaun sowie um einen beträchtlichen Geldbetrag gehe.[1] Alaun ist ein Mineralsalz, das damals zur Fixierung von Färbemitteln in Stoffen sowie zur Glasherstellung verwendet wurde. Um die Mitte des 15. Jahrhunderts hatte man große Alaunvorkommen bei Tolfa, etwa 70 Kilometer nördlich von Rom, entdeckt. Die Päpste sahen hierin ein göttliches Zeichen, da die Alaunvorräte bei Tolfa größer waren, als es der Bedarf der gesamten Christenheit war; früher hatte man das Mineralsalz aus Kleinasien importieren müssen, das nun unter der Herrschaft der ungläubigen Türken stand. Aus diesem Grund kümmerten sich die Päpste persönlich um die Ausbeutung der Tolfa-Minen und verkündeten, daß alle Christen ihren Alaunbedarf aus den Vorräten in Tolfa decken sollten, so daß die hieraus erwachsenden Einkünfte zur Finanzierung des Kampfes gegen die Ungläubigen verwendet werden könnten.[2]

Chigi hatte in seiner Funktion als Pächter der päpstlichen Minen besonderes Interesse am venezianischen Markt, weil Venedig das Tor war, durch das Alaun aus anderen Vorkommen – insbesondere aus den türkischen Minen in Kleinasien – auf den europäischen Markt gelangte. Offensichtlich also wollte Chigi die Venezianer dazu bewegen, die Monopolstellung der päpstlichen Alaunminen auf dem Markt zu gewährleisten. Drei Wochen, nachdem man zum ersten Mal von dem Geschäft zwischen Chigi und der venezianischen Regierung gehört hatte, waren die Verhandlungen bereits soweit vorangeschritten, daß Chigi zusammen mit den Vertretern des Rates der Zehn vor den Dogen und das Collegio trat, um das geplante Geschäft zu erläutern: Chigi würde demzufolge das Alaun und einen bestimmten Geldbetrag einbringen und dafür von Venedig im Gegenzug bestimmte Sicherheiten bekommen.³ Die Verhandlungen schienen fast schon abgeschlossen, doch es vergehen noch mehr als drei Wochen, ehe wir wieder von dem Geschäft hören.

Der Grund hierfür war ein katastrophales Ereignis, das genau in diese Zeitspanne fiel. Am 26. März 1511 wurde Venedig von einem schweren Erdbeben, auf das in den Tagen danach noch mehrere Nachbeben folgten, heimgesucht.⁴ Durch die starke Erschütterung fingen alle Glocken in Venedigs Kirchtürmen zum Zeitpunkt des Bebens gleichzeitig an zu läuten, um danach völlig zu verstummen. Beides waren gleichermaßen erschreckende Begebenheiten in einer Stadt, in der fast ständig irgendwo Glockengeläut über den Dächern ertönte, um die Zeit oder die kanonischen Stunden anzuzeigen. Das Wasser in den Kanälen stieg, und die Menschen ergriffen auf Booten die Flucht, um den einsturzgefährdeten Häusern zu entkommen. Einige Statuen fielen von der Fassade von San Marco und vom Dogenpalast herab; ihre Zerstörung galt den Bewohnern als gutes wie auch als schlechtes Omen. Daß bei dem Beben unter anderem auch in Stein gehauene Lilien zu Schaden gekommen waren, wurde von vielen als ein Zeichen dafür gedeutet, daß nun der französische König, dessen Emblem eine Lilie war, aus Italien vertrieben werde. Andere wiederum sahen in der Zerstörung jener Statue, welche die Umsicht darstellte, eine Warnung an die Herrscher Venedigs, in Zukunft mehr Vorsicht als in den vorangegangenen Jahren walten zu lassen. Auf gewaltsame Weise waren die Venezianer daran erinnert worden, daß es Mächte gab, über die sie keine Kontrolle hatten. Dies gab den Priestern Gelegenheit, ihrer Bedeutung Nachdruck zu verleihen. Antonio Contarini, der gerade erst zum Patriarchen ernannt worden war, sprach bei den Pregadi vor und verkündete, daß die Katastrophe ein Zeichen Gottes sei, der die Venezianer für ihre Sünden gestraft habe. Er verurteilte Venedig als eine zutiefst unmoralische Stadt. Die Nonnenklöster dienten nur noch den sexuellen Bedürfnissen der Reichen und Mächtigen. Die Homosexualität habe sich derart verbreitet, daß sich weibliche Prostituierte bei ihm beklagt hätten, ihr Verdienst sei jetzt so niedrig, daß sie ihr Gewerbe bis ins hohe Alter ausüben müßten. Kämen derlei Vergehen zur Verhandlung, so pflegten die Magistrate Augen und Ohren zu verschließen, da sie selbst solche Dienste in Anspruch nehmen würden. Auch werde die Beichte kaum mehr besucht: Während früher noch die Hälfte aller Einwohner in der Mitte der Fastenzeit zur Beichte gegangen wären, kämen in diesem Jahr mit wenigen Ausnahmen nur noch fromme alte Frauen. Der Patriarch verfügte deshalb, daß alle Bewohner für die Dauer von drei Tagen bei Wasser und Brot fasten und daß die Priester ihre Gemeindemitglieder allabendlich auf den Plätzen zu Prozessionen versammeln sollten, um Litaneien zu singen und Gott um Vergebung zu bitten.

Dieser Appell an die christliche Frömmigkeit zeigte – wenigstens kurzfristig – eine enorme Wirkung, da hinter dem ganzen Stolz auf Venedigs Macht und Reichtum auch ein gewisses Unbehagen ob des Widerspruchs zwischen dem venezianischen Luxus und den Geboten der christlichen Lehre entstanden war. Aber nicht nur die einfachen Leute, sondern auch einige philosophisch gebildete jüngere Patrizier betrachteten den Lebensstil der venezianischen Gesellschaft mit großer Sorge. Im Winter 1510/11 verzichteten Pietro Giustiniani und Vincenzo Quirini, Mitglieder der ältesten und geachtetsten Familien Venedigs, auf aussichtsreiche politische Karrieren, um Mönche zu werden.[5] Was der Patriarch geäußert hatte, entsprach offenkundig dem Bewußtsein der meisten Menschen, da die Prozessionen und Gottesdienste sehr zahlreich besucht wurden und viele wieder zur Beichte gingen. Die von der Regierung ergriffenen Maßnahmen spiegelten die Atmosphäre religiöser Inbrunst wider.[6] Am 27. März verschärfte sie die Gesetze gegen Homosexualität; und obwohl sie den Juden einen gewissen Schutz vor fanatischen Predigern einräumte, die behaupteten, Gottes Zorn sei nur deshalb geweckt worden, weil Venedig den Juden gestattet habe, sich mit den Christen zu vermischen, verlangte sie doch, daß die Juden die Stadt binnen eines Monats verließen und bis zu diesem Zeitpunkt in ihren Häusern blieben. Lediglich für je zwei Stunden am Vormittag und am Nachmittag war es ihnen gestattet, ihre Wohnungen zu verlassen.

Marino Sanudo fand die vom Patriarchen und der Regierung ergriffenen Maßnahmen im Hinblick auf ihre möglichen Auswirkungen auf Moral und Religiosität äußerst löblich. Als Mittel gegen ein Naturereignis wie ein Erdbeben hingegen erachtete er sie als völlig wertlos.[7] Sanudo steht mit seiner Haltung vermutlich für viele Mitglieder der venezianischen Oberschicht, und es muß gesagt werden, daß das Leben in Venedig nach einigen Tagen der religiösen Einkehr und Buße rasch wieder in seinen gewohnten Bahnen verlief – ähnlich der großen, aber kurzlebigen Resonanz, welche die Aufrufe großer Prediger bei der Bevölkerung der europäischen Städte des Spätmittelalters hatten.

Bei der Wiederaufnahme der Verhandlungen mit Chigi stellte die Unvereinbarkeit des Vertrags mit den Geboten der Kirche für viele ein ernsthaftes Hindernis auf dem Weg zu einer Übereinkuft dar. Aus diesem Grund nimmt das Erdbeben in der Geschichte des Zustandekommens von Chigis Darlehen einen prominenten Platz ein. Vor dem Erbeben war man sich fast schon einig gewesen, und bereits zwei Wochen nach der Katastrophe lag ein Entwurf vor, der von der späteren Endfassung nur geringfügig abwich.[8] Dennoch waren die gegen den Vertrag gehegten Zweifel so stark, daß noch über ein Monat verging, ehe man zu einer endgültigen Einigung fand.

Der Vertrag, den der Savio Alvise da Molin den Pregadi am 15. April unterbreitete, umfaßte eine ganze Reihe von Vereinbarungen. Für eine große Summe Dukaten sollte Chigi der venezianischen Regierung Alaun verkaufen; außerdem würde er ein Darlehen in Höhe von 40 000 Dukaten in zwei Teilzahlungen bereitstellen. Im Gegenzug verlangte Chigi als Sicherheiten kostbaren Schmuck und das feierliche Versprechen führender venezianischer Bürger, mit ihrem Vermögen für die Rückzahlung des Darlehens zu bürgen. Andererseits brauchte sich die Regierung nicht um den Absatz des Alauns zu sorgen, weil sich bereits ein anderer Kaufmann willig zeigte, es zu erwerben. Sanudo, dessen Tagebuch wir diese Information entnehmen, gibt den geplanten Vertrag lediglich in Umrissen wieder und enthüllt nur teilweise, welche Vorteile die Vertragspartner aus diesem Geschäft zogen und weshalb der Vertrag in Venedig mitunter auf so erbitterten Widerstand stieß. Informationen über den weiteren Verlauf der Gespräche geben jedoch eine Antwort auf diese Fragen.

Für die Venezianer hatte der Vertrag mit Chigi den Vorteil, daß ihnen eine große Geldsumme zur sofortigen Verfügung stand. Hierbei handelte es sich nicht nur um das von Chigi bereitgestellte Darlehen, sondern auch um zusätzlichen finanziellen Spielraum, der sich aus der Vereinbarung ergab, daß sie das von Chigi gekaufte Alaun erst ab 1513 bezahlen mußten. Hingegen hatte der Kaufmann, der den Venezern das Alaun abkaufte, umgehend mit seinen Zahlungen zu beginnen. Im Gegenzug wurden Chigi beträchtliche Konzessionen eingeräumt: Die venezianische Regierung garantierte, daß kein anderes Alaun auf dem venezianischen Markt gehandelt werden durfte, und überließ Chigi die Festlegung des Alaunpreises. Besonders letzterer Punkt war für Chigi von größter Bedeutung: Der Kaufmann, der das Mineralsalz von der Regierung erwerben sollte, war Alessandro Schiapi, ein Angestellter Chigis. Selbstverständlich lag der Preis, den dieser entrichten sollte, niedriger als der, den die venezianische Regierung Chigi für dieselbe Menge bezahlen würde. Es handelte sich mit anderen Worten bei dieser Transaktion lediglich um einen fiktiven Verkauf, der die Tatsache verschleiern sollte, daß Venedig – entgegen den kirchlichen Wuchergesetzen – für ein Darlehen sehr hohe Zinsen zu zahlen bereit war. Die Vorteile, die Chigi aus dem Vertrag zog, liegen auf der Hand: Er sicherte sich das Alaunmonopol auf dem venezianischen Markt; er konnte Alaun dort zu einem sehr hohen Preis absetzen und erhielt überdies Bürgschaften und Sicherheiten, welche die Rückzahlung des vorgestreckten Geldes gewährleisteten; schließlich konnte er für sein Darlehen beträchtliche Zinszahlungen erwarten. Von diesen doch sehr weitreichenden Konzessionen hatte die venezianische Regierung nur einen, dafür aber umso beträchtlicheren Vorteil: Sie war für absehbare Zeit von dem enormen finanziellen Druck entlastet.

Daß der Vertrag nicht nur Vor-, sondern auch Nachteile enthielt, war so offensichtlich, daß sein Abschluß zwangsläufig auf heftigen Widerstand stoßen mußte.[9] Die Gegner hatten zwei schwerwiegende Argumente vorzubringen: Aus ihrer Sicht war klar, daß der Ankauf des Alauns, auf welchen der Verkauf unmittelbar folgte, lediglich zur Umgehung des Wucherverbots arrangiert wurde, und es war nichts Gutes von einer Maßnahme zu erwarten, die gegen Gottes Gesetze verstieß. Die Widersacher sahen sich in ihrer Haltung zudem dadurch bestätigt, daß Chigi auf einer Klausel insistiert hatte, derzufolge alle Rechtsstreitigkeiten in Rom vor der Rota entschieden werden müßten. Dies bedeutete, daß Chigi die Einhaltung des Abkommens gegebenenfalls auch mit kirchlichen Waffen durchsetzen konnte. Das aber hob den Vertrag auf eine Ebene jenseits aller pragmatischen Überlegungen, denn somit konnte er zugleich zu einer Gewissenslast für die Venezianer werden.

Das zweite gewichtige Argument der Vertragsgegner war, daß das Geschäft mit Chigi dem Prestige der venezianischen Republik erheblichen Schaden zufüge. Venedig hatte den Ruf einer Stadt mit unbegrenztem Reichtum. Wenn nun bekannt wurde, daß die venezianische Regierung einen auswärtigen Bankier um Hilfe ersuchte, so mußte man vermuten, daß Venedig in einer außerordentlich verzweifelten Lage war. Selbst jene, die vielleicht noch zur Hilfestellung bereit waren, würden die Stadt dann als hoffnungslosen Fall aufgeben. Man sollte nie vergessen, so Priuli, »daß Macht und Stabilität von Regierungen, Herrschern und Republiken eher auf dem gründen, was man über sie denkt, als auf der nüchternen Einschätzung der tatsächlichen Lage.« Aus diesem Grund hielt man Chigis Forderung nach Bereitstellung der Juwelen aus dem Schatz von San Marco als Sicherheit für besonders schädlich. Hinter den Argumenten der Gegner stand die grundlegende Überzeugung, daß es eine Frage des Stolzes war, diese Art fremder Hilfe zurückzuweisen – ein Stolz, der trotz aller Niederlagen und Katastrophen der vorausgehenden Jahre noch immer ungebrochen war.

Die Befürworter des Vertragswerks hielten derlei Argumente, die auf moralischen Skrupeln oder traditioneller patriotischer Arroganz beruhten, in der herrschenden Notlage für völlig unangemessen. Die erste Überlegung war: »Wir müssen den Staat und die Republik erhalten.« Und Chigis Geld war für diesen Zweck unverzichtbar. Selbstverständlich hatten die Verteidiger des Vertrags auch Antworten auf diese Einwände parat. Zwar verlangte Chigi Bürgschaften von einzelnen reichen Venezianern, aber diese waren ihrerseits alle Mitglieder der Regierung. Sollte sie Chigi also ob der Nichteinhaltung ihrer Vertragspflichten anklagen, so hatten sie von der Regierung nichts zu befürchten, und da sie im Einklang mit der Regierung handelten, konnte ihnen die drohende Exkommunikation oder ein Interdikt praktisch nichts anhaben. Darüber hinaus stand Chigi im Ruf eines äußerst verläßlichen Kaufmanns, und es war unwahrscheinlich, daß er die Juwelen von San Marco verkaufen würde, bevor sie wieder eingelöst werden konnten. Priuli nennt das Vertragswerk »schändlich und unehrenhaft«, aber »wenn einer mitten im Sturm ist und Gefahr läuft, sein Schiff zu verlieren, dann ist es den Seeleuten doch gleichgültig, wem das Schiff gehört und welche Waren es an Bord führt; ohne an irgend etwas anderes zu denken, werden sie ihrem natürlichen Instinkt folgen, um nicht zu ertrinken.«

Der Konflikt, der aufgrund des Vertrags mit Chigi enstanden war, beschränkte sich indessen nicht nur auf die gegensätzlichen Meinungen hinsichtlich seiner Konsequenzen für Venedigs politische Perspektiven; verschärft wurde er noch durch die Rivalitäten innerhalb der Führungsgruppe und durch einzelne Machtkämpfe zwischen venezianischen Politikern. Die Ereignisse in jenen Monaten, als der Vertrag mit Chigi noch in der Schwebe war, gestatten einen Blick hinter die glatte Fassade der venezianischen Politik und vermitteln einen Eindruck von den dahinter stattfindenden Kämpfen zwischen den verschiedenen Fraktionen, die sich trotz aller Vorkehrungen gegen Block- und Parteibildungen formieren konnten. Sie geben ferner auch Aufschluß darüber, inwieweit interne Streitigkeiten die Beziehungen zwischen den einzelnen Räten und Instanzen belasteten.

Es war klar, daß jene venezianischen Adligen, die in engem Kontakt mit Rom und der Kurie standen, den Vertrag befürworten würden.[10] Die bedeutendsten unter ihnen waren die beiden Prokuratoren von San Marco, Antonio Grimani und Giorgio Corner. Sie hatten Söhne, die Kardinäle waren und geholfen hatten, Venedig den Weg zu einer Versöhnung mit Papst Julius II. zu ebnen. Ziel der Politik von Grimani und Corner war es, die enge Zusammenarbeit mit dem Papst zu einem Eckpfeiler der venezianischen Politik zu machen. Ähnliche Ansichten teilten auch die Prokuratoren Domenico Trevisan und Giorgio Emo, sowie Alvise da Molin, Pietro Balbi und Pietro Duodo. Da diese Männer in der Zeit zwischen dem Ablauf ihrer regulären Amtszeit als Savio und ihrer möglichen Wiederwahl als Beigeordnete der Savi dienten, waren sie praktisch ununterbrochen Mitglieder dieses Gremiums. So war Grimani nach der Rückkehr aus dem Exil 1509 pausenlos Mitglied der Savi gewesen; dasselbe gilt für Pietro Balbi und Alvise da Molin für die Zeit von 1510 bis 1512 und, wenngleich mit Unterbrechungen, auch für Domenico Trevisan, Giorgio Emo und Giorgio Corner. Pietro Duodo diente wechselweise als Berater und als Savio.[11]

Um einen anderen politischen Kurs durchzusetzen, war es unabdingbar, den Einfluß dieser Gruppe auf die Savi zu schwächen. Dessenungeachtet war die pro-päpstliche Politik in Venedig nicht sonderlich beliebt. Die Konditionen, die der Papst Venedig abverlangt hatte, hinterließen noch immer einen bitteren Nachgeschmack, und es gab heftige Auseinandersetzungen in dieser Angelegenheit. Auch der Anführer der oppositionellen Seite war ein Prokurator, nämlich Antonio Tron, der seit dem Ende des 15. Jahrhunderts in allen höchsten Ämtern der Republik gewirkt hatte. Aus seiner Familie stammte auch einer der zu dieser Zeit regierenden Dogen. Die Feindseligkeiten zwischen Grimani und Tron waren von einem persönlichen Konflikt überschattet. Tron hatte im Jahr 1500 während der spektakulären Verhandlung gegen Grimani eine aktive Rolle bei dessen Verurteilung gespielt. Grimani mußte schließlich wegen der Niederlage, welche die venezianische Flotte unter seiner Führung hatte einstecken müssen, ins Exil gehen.[12] Die beiden Männer konnten die erbitterte Auseinandersetzung des vorausgehenden Jahrzehnts nicht vergessen haben. Jedenfalls wurde Grimani schon kurze Zeit nach seiner Rückkehr aus dem Exil 1509 wieder Mitglied des Rates der Savi und stieg dort rasch zu einer beherrschenden Position auf.[13] Trons Einfluß wurde zusehends schwächer und seine Kritik an der venezianischen Führungsschicht immer schärfer.[14]

Es wäre dennoch nicht gerechtfertigt, Trons oppositionelle Haltung ausschließlich mit persönlichen Motiven erklären zu wollen. Seine Ansichten entbehrten nicht einer gewissen philosophischen Grundhaltung, und wir könnten ihn vielleicht einen »Konservativen« im modernen Sinne des Wortes nennen. Er bestand auf der strengen Einhaltung bestehender Gesetze und Regeln, war ein stolzer Patriot und setzte sich für die Verteidigung der zur Romagna gehörenden Gebiete ein, deren Besetzung durch Venedig nach dem Fall von Cesare Borgia die Feindschaft von Julius II. nach sich gezogen hatte. Als die beiden führenden Patrizier Giorgio Emo und Paolo Cappello nach Agnadello ihre Wahl als *provveditori* der Armee abgelehnt hatten, bot Tron freiwillig seine Dienste an.[15] Er war ein entschiedener Gegner der Auffassung, die Situation sei derart aussichtslos, daß Hilfe von Seiten der Türken notwendig wäre;[16] auch hielt er Lorenzo Loredan für einen entmutigend schwachen Dogen. Er glaubte, daß sich die militärische Lage unter einer entschlosseneren Führung durchaus ändern könnte. Diese Haltung fand bei vielen armen venezianischen Adligen großen Zuspruch, die so rasch wie möglich von den finanziellen Lasten des Krieges befreit werden und wieder von den Vorteilen ihrer alten Verwaltungsposten auf dem Festland profitieren wollten. Tron war bei weiten Teilen des venezianischen Adels sehr beliebt und wurde immer wieder in einflußreiche Positionen gewählt.

Es gab daher zahlreiche Anlässe, an denen die Feindschaft zwischen Grimani und Tron offen zutage trat. Die meisten betrafen praktische Fragen und standen im Zusammenhang mit diplomatischen, militärischen oder finanziellen Angelegenheiten. Ein solcher Anlaß bot sich beispielsweise, als Tron im Januar 1510 die Durchsetzung einer einschneidenden finanziellen Maßnahme, durch die er die Interessen und Rechte der Prokuratoren von San Marco und der Scuole Grandi (Handwerkergilden) gefährdet sah, nicht verhindern konnte; er reagierte hierauf mit der Drohung, weder das Collegio weiter zu besuchen, noch fortan als Savio Grande zu amtieren. Es ging sogar das Gerücht um, er solle gesagt haben: »Nichts wird in dieser Stadt in Ordnung sein, solange dieser Doge regiert.«[17]

Aufgrund von Trons konservativer Grundhaltung blieb der Konflikt jedoch nicht nur auf Streitigkeiten über konkrete Maßnahmen beschränkt. Er glaubte, daß die Republik korrumpiert worden war; Regierungspositionen – und die damit verbundenen »Vorzüge« und »Ehren«, über welche die Regierung frei verfügte – waren keineswegs allen venezianischen Adligen zugänglich, wie es eigentlich der Fall sein sollte, sondern blieben in immer stärkerem Maße einer kleinen Clique unter ihnen vorbehalten. Ein Indiz für die Abkehr von den traditionellen Prinzipien der venezianischen Politik war die Schwächung des Einflusses des Großen Rates im Vergleich zum Senat, sowie die fortschreitende Verlagerung der Macht vom Senat auf eine kleine, die Savi dominierende Gruppe. Vor allem dies erregte Trons Abneigung gegen Grimani und seine Gruppe.

Als das Collegio in den kritischen Monaten nach der Niederlage von Agnadello den Pregadi im Juli 1509 vorschlug, den Rat der Savi für die Dauer von drei Monaten um drei Mitglieder zu erweitern, wurde deutlich, welch hohen Stellenwert Tron der Zusammensetzung der Savi beimaß.[18] Das Collegio rechtfertigte seinen Vorschlag durch den Verweis auf die Ernsthaftigkeit, Dringlichkeit und den Umfang der Entscheidungen, welche die Savi in Kriegszeiten bewältigen mußten; sie waren mit Arbeit völlig überlastet. Die außerordentlichen Mitglieder der Savi sollten deshalb nicht der geltenden Bestimmung unterliegen, wonach ein Savio solange nicht wiedergewählt werden konnte, wie seine Amtszeit zuvor gedauert hatte; statt dessen sollten sie nach Ablauf einer Amtsperiode sofort wiedergewählt werden können. Man ging generell davon aus, daß diese Neuregelung auch in Kraft treten würde. Tron wurde zu einem außerordentlichen Mitglied gewählt, weigerte sich aber, sein

Amt anzutreten. Die geplante Erweiterung des Rates der Savi war für ihn als strengen Verteidiger der Tradition der Verfassung inakzeptabel. Er war bereit, im Rat der Savi als reguläres Mitglied zu wirken – was er denn auch tat –, nicht aber in der vorgeschlagenen Form. Damit war der Konflikt jedoch keineswegs beigelegt, da die Nachfrage nach außerordentlichen Mitgliedern immer wieder erneuert wurde. Im Juli 1511 schließlich explodierte das Pulverfaß, als die Petition in leicht veränderter Form ein weiteres Mal vorgelegt wurde.

Was damals geschah, war nicht nur die Neuauflage eines Vorschlags, der in den Jahren davor bereits mehrmals erfolgreich eingereicht worden war und die zeitlich begrenzte Erweiterung des Rates der Savi um drei Mitglieder vorsah. Der neue Vorstoß enthielt eine Klausel, die zum Inhalt hatte, daß die ehedem gültige Gesetzgebung, derzufolge höchstens zwei Prokuratoren von San Marco Mitglieder des Rates der Savi sein durften, aufgehoben werden sollte. Ferner sollte auch die Regel abgeschafft werden, die besagte, daß die in den Rat der Savi gewählten Prokuratoren für unterschiedliche Teile der Stadt – also entweder »de supra«, »de ultra« oder »de citra« – zuständig waren. Sowohl Antonio Grimani als auch Domenico Trevisan und Giorgio Corner waren Prokuratoren von San Marco;[19] ihre Amtszeit als reguläre oder außerordentliche Savi war abgelaufen, so daß sie den Rat im folgenden Monat hätten verlassen müssen. Die Aufhebung der üblichen Beschränkungen zielte eindeutig darauf, wenigstens zwei von ihnen, wenn möglich aber alle drei, im Rat halten zu können. Die Mehrheit, die sich bei den Pregadi für diesen Vorschlag aussprach, war nicht überwältigend: 116 gegen 63 Stimmen. Der Antrag mußte aber nicht nur von den Pregadi, sondern auch vom Großen Rat bewilligt werden, da er eine Abweichung von der geltenden Rechtslage darstellte. Zur Versammlung des Großen Rates am 13. Juli erschien auch Antonio Tron, der der Zusammenkunft der Pregadi ferngeblieben war. Dies war ein aufsehenerregendes Ereignis, denn seit vielen Jahren – »in unserer Zeit«, wie Sanudo schrieb – hatte kein Prokurator von San Marco jemals an einer Zusammenkunft des Großen Rates teilgenommen. Es war anzunehmen, daß Tron die Gelegenheit ergreifen und gegen den Vorschlag sprechen würde; unter diesen Umständen aber wagte die Regierung nicht, den Antrag zur Abstimmung zu bringen und ließ ihn fallen.[20]

Nachdem man von dem Vorschlag abgekommen war, die Zulassungsbeschränkung für Prokuratoren zum Rat der Savi aufzuheben, machten die Pregadi in gewohnter Weise weiter und wählten drei zusätzliche Savi. Da Domenico Trevisan und Antonio Grimani nun nicht gewählt werden konnten, entschied man sich für zwei ihrer engsten Mitarbeiter, Pietro Balbi und Giorgio Emo. Das dritte, neu gewählte Mitglied aber war Antonio Tron; diesmal nahm er die Wahl an und trat dem Rat bei. Sanudo zufolge war dies ein Fehler: Tron »tat das Falsche.«[21] Doch Sanudo übersah die Tatsache, daß hinter Trons Vorgehen nicht nur die Sorge um die Wahrung der Tradition steckte; vielmehr versuchte er, die Monopolisierung der Macht durch eine kleine, hermetische Gruppe zu verhindern und ging wohl davon aus, daß dieses Ziel besser innerhalb des Collegios als von außen zu erreichen war. Zusammen mit dem hoch angesehenen Patrizier Zaccaria Dolfin, dessen Sichtweise sich weitgehend mit seiner eigenen deckte, versuchte Tron, seinen im Juli erzielten Erfolg weiter zu konsolidieren. Im September reichte er einen Vorschlag ein, der die Regel bekräftigte, daß nur zwei Prokuratoren, die zudem nicht von derselben Seite des Canale Grande kommen durften, Mitglieder des Rates der Savi werden konnten. Darüber hinaus bestätigte der Vorschlag auch, daß ein Savio nach Ablauf seiner sechs Monate währenden Amtszeit erst nach weiteren sechs Monaten wieder in den Rat gewählt werden konnte. Auf diese Weise sollte verhindert werden, daß ein außerordentliches Mitglied für weitere sechs Monate als reguläres Mitglied im Rat verbleiben konnte und umgekehrt. Somit würde die Möglichkeit der Mitgliedschaft im Rat der Savi wieder für weitere Kreise geöffnet werden. Der Vorschlag wurde zwar angenommen, blieb jedoch wirkungslos, weil ihm eine Klausel beigefügt wurde, die besagte, daß diese Bestimmungen nicht mehr während des Krieges in Kraft treten sollten.[22]

Womöglich standen die jeweiligen Resultate von Trons Vorstößen – sein Erfolg im Juli und sein Mißerfolg im September – in Beziehung zu den sich wandelnden Geschicken des Krieges. Was die Fortführung des Krieges gegen Frankreich betraf, schien Julius II. noch im Juli zu schwanken. Die Effektivität der pro-päpstlichen Politik Venedigs erschien zweifelhaft. Im September dann zeichnete sich bereits ein Zusammenschluß zwischen dem Papst, Spanien, England und Venedig zu einer Heiligen Liga ab, welche das Kräfteverhältnis zuungunsten Frankreichs verschieben würde. Wir werden uns diesen Entwicklungen später im Detail zuwenden; mit der Schilderung der internen Spannungen in Venedig und der Opposition Trons gegen die herrschende Politik sind wir chronologisch weit über den April, also den Zeitpunkt, als sich zum ersten Mal ein Arrangement mit Chigi abzeichnete, hinausgegangen. Dieser Exkurs ist aber gerechtfertigt, insofern die Spannungen in der venezianischen Führungsschicht den Hintergrund für die Verhandlungen mit Chigi bilden. Schließlich erklären diese Auseinandersetzungen, weshalb der Vertrag auf so heftigen Widerstand stieß, seine Befürworter mit solcher Vorsicht zu Werke gingen und warum so viel Zeit vergehen mußte, ehe eine Übereinkunft erzielt werden konnte.

Zwischen dem 15. April, als Alvise da Molin die wichtigsten Punkte des Vertrages mit Chigi umrissen hatte, und seiner Billigung durch die Pregadi verging über ein Monat. Am 23. April lieferte Molin einen detaillierteren Bericht; das Vertragswerk wurde den Pregadi vorgestellt, und man kam überein, daß er weiterer Prüfung bedürfe.[23] Offenbar herrschte nur wenig Begeisterung für ein rasches Zustandekommen des Abschlusses. Als am 27. April den Mitgliedern der Pregadi der Ernst der Finanzlage in Form neuer Steuervorschläge drastisch vor Augen geführt wurde, nutzte Giorgio Emo die Gelegenheit, um die Pregadi an die Notwendigkeit eines Vertragsschlusses mit Chigi zu erinnern.[24] Noch offensichtlicher wurde die Situation, als die zu diesem Zeitpunkt fälligen Steuern nur so langsam eingingen, daß die Stichtage für ihre Zahlung aufgeschoben werden mußten.[25] Aus diesem Grunde legte der Rat der Savi den Pregadi eine Resolution vor, die besagte, daß ein Vertrag über den Verkauf von Alaun ausgearbeitet worden war, der der Regierung eine beachtliche Geldsumme einzubringen versprach. Es wurde vorgeschlagen, drei Männer zu ernennen – einen Berater, einen Savio Grande und einen Savio di Terra Firma – welche die Details mit der anderen Vertragspartei aushandeln sollten. Drei Tage später, am 10. Mai, sollten die drei Unterhändler und die anderen Mitglieder des Collegios den Pregadi ihre Meinungen über den Vertrag vorstellen, so daß man zu einer endgültigen Entscheidung kommen konnte. Der Vorschlag wurde angenommen. Zu Unterhändlern wählte man Pietro Duodo als Berater, Giorgio Corner als Savio Grande und Pietro Lando als Savio di Terra Firma.[26]

Wie vereinbart, kamen die Pregadi am Samstag, dem 10. Mai, zusammen und begutachteten den Vertrag in seiner zu diesem Zeitpunkt vorliegenden Form. Da jedoch die Savi ihrerseits in ihrer Haltung gespalten waren, beschloß man, die Angelegenheit um weitere zwei Tage aufzuschieben.[27] Die Berichte über diese Versammlung, die am 12. Mai stattfand, veranschaulichen, weshalb selbst die Savi zögerten und sich auf keinen gemeinsamen Standpunkt einigen konnten.[28] Es ging um folgende Frage: Wenn die venezianische Regierung schon eine so große Menge Alaun kaufte, konnte sie dann nicht eine bessere Lösung finden, als sie mit Verlust an Alessandro Schiapi, einen Angestellten Chigis, zu verkaufen? Anders ausgedrückt, konnte die venezianische Regierung nicht selbst das Alaun auf den Markt bringen? Gasparo Malipiero, der im Februar Bedenken gegen Grimanis luxuriösen Empfang für Chigi vorgebracht hatte, attackierte das Vertragswerk, das von Antonio Grimani entschieden verteidigt wurde. Der Vertrag wurde schließlich angenommen, wenngleich der Mehrheit der Befürworter – sie zählten 114 Stimmen – eine beträchtliche Zahl von 41 Nein-Stimmen gegenüberstand. Überdies war es nur durch eine Konzession möglich geworden, eine Mehrheit für den Vorschlag zustande zu bringen. Der Regierung wurden weitere zehn Tage Bedenkzeit eingeräumt, bevor eine endgültige Übereinkunft mit Schiapi zustande kommen konnte.

Man war sich, kurz gesagt, weitgehend einig darüber, daß ein Darlehen von Chigi wünschenswert war und daß der Verkauf einer großen Menge Alaun an die venezianische Regierung Bestandteil des komplizierten Geschäfts sein konnte. Widerstände gab es indessen gegen den unmittelbar anschließenden Verkauf des Alauns an einen Angestellten Chigis. Diese betrafen teilweise den finanziellen Verlust, der mit dieser Transaktion einherging, und anderenteils die Unmoral, welche in der Umgehung der Gesetze gegen den Wucher lag. Deshalb wurde nach der Versammlung ein letzter verzweifelter Versuch unternommen, ob sich nicht doch ein Venezianer finden ließ, der das Alaun aufzukaufen gewillt war. Aber niemand wollte dieses Risiko eingehen. Eine weitere Versammlung der Pregadi wurde einberufen, und das Collegio erklärte, sichtlich ungeduldig ob der vielen Verzögerungen, daß der Vertrag nun viermal diskutiert worden sei und man endlich zu einer Entscheidung kommen müsse.[29] Ein gewisses Unbehagen über das Geschäft, aber auch die Ratlosigkeit, wie man es hätte umgehen können, mögen erklären, weshalb nur wenige Senatoren die Versammlung besuchten. Mit 83 Ja-Stimmen wurde der Vertrag gebilligt. Der Weg für die Unterzeichnung der mit Chigis Darlehen verknüpften Vereinbarungen war nun frei.

Die von den Pregadi gebilligten Dokumente – ihr Aufbewahrungsort waren die Akten des Senato Secreto, wo man sie noch heute einsehen kann – unterlagen zahlreichen Veränderungen, seit das Geschäft mit Chigi in den Monaten März und April zum ersten Mal ins Auge gefaßt worden war.[30] Die Geldmenge, die der venezianischen Regierung zur Verfügung gestellt werden sollte, wurde letztlich ebenso reduziert wie die Differenz zwischen dem von der Regierung für das Alaun gezahlten Preis und jenem, den Chigis Angestellter an die Venezianer zu bezahlen hatte. In seiner endgültigen Form umfaßte das Vertragswerk eine ganze Reihe von Vereinbarungen. Diese beinhalteten einerseits ein beidseitiges Abkommen mit Chigi. Die venezianische Regierung verpflichtete sich, von Chigi 7000 Cantari Alaun zum Preis von 18 Dukaten pro Cantaro zu kaufen.[31] In diesem Teil des Vertrags wurden auch die Details hinsichtlich des Transports, der Lagerung und der Steuern – von denen Chigi teilweise befreit wurde – sowie die Form der Übergabe des Alauns geregelt. Der zweite Teil sah ein Darlehen in Höhe von 20000 Dukaten vor, das Chigi der venezianischen Regierung einräumen sollte. Zusammengerechnet beliefen sich Alaun und Darlehen auf einen Geldwert von 146 000 Dukaten. Hierauf folgte ein Zeitplan der zu leistenden Zahlungen: Venedig sollte Chigis Darlehen in Höhe von 20 000 Dukaten zwanzig Tage nach Vertragsschluß erhalten und mußte seinerseits nach Ablauf von dreißig Monaten, also im Jahr 1513, eine Zahlung in Höhe von 24 333 ⅓ Dukaten entrichten. In den darauffolgenden Jahren sollte jeweils dieselbe Summe bezahlt werden, so daß nach acht Jahren (also nach sechs Zahlungen) der Gesamtbetrag zurückerstattet wäre.

Für Venedig lagen die Vorteile auf der Hand. Das Darlehen und die Zahlungen für das Alaun stellten eine Schuld dar, die Venedig an Chigi zurückzahlen mußte; der Beginn der Rückerstattung der 146 000 Dukaten würde jedoch erst nach zweieinhalb Jahren beginnen. Andererseits stellte Chigi sicher, daß ihm bei dem Geschäft kein Verlust enstand. Fünfzig venezianische Adlige mußten mit einem angemessenen Teil ihres Vermögens für die Rückzahlung des Darlehens bürgen, und zudem sollte er bei Vertragsabschluß Juwelen aus dem Schatz von San Marco im Gesamtwert von 30 000 Dukaten erhalten, die er Venedig nach Eingang der letzten beiden Raten zurückgeben mußte.

Gleichzeitig wurde durch ein weiteres Arrangement die Frage des Verkaufs des Alauns an Alessandro Schiapi geregelt. Die Regierung war bereit, ihm die 7 000 Cantari Alaun zum Preis von siebzehn Dukaten pro Cantaro zu verkaufen, so daß sich der Gesamtbetrag auf 119 000 Dukaten belief. Innerhalb eines Monats mußte Schiapi bereits 20 000 Dukaten bezahlen und den Rest in Teilzahlungen von je 16 500 Dukaten begleichen, die immer dann fällig wurden, wenn Venedig seinerseits Raten an Chigi zu entrichten hatte. Also mußte Schiapi das von den Venezianern gekaufte Alaun in sechs Raten bezahlen. Auf diese Weise brauchte Venedig, um seine Schulden bei Chigi zu begleichen, ab 1513 nicht 24 333 ⅓, sondern lediglich 7 833 ½ Dukaten zu bezahlen. Andererseits erhielt Schiapi das Recht, sein Alaun für zwanzig Dukaten pro Cantaro zu verkaufen, und die Regierung garantierte, daß in den darauffolgenden zehn Jahren kein anderes Alaun in Venedig verkauft werden durfte. Sollte es Schiapi nicht gelingen, seine 7 000 Cantari binnen zehn Jahren abzusetzen, würde das Monopol um weitere drei Jahre verlängert. Darüber hinaus wurde Schiapi von der venezianischen Regierung mietfreier Lagerraum für das Alaun zur Verfügung gestellt. Sämtliche Vereinbarungen wurden durch ausgetüftelte Strafmaßnahmen für den Säumnisfall abgesichert.

Insgesamt schien es sich um eine sorgfältig ausgewogene Vereinbarung zu handeln: Einerseits wurde der dringende Geldbedarf der Stadt durch eine Zahlung von 20 000 Dukaten nach Vertragsabschluß und eine weitere Rate in derselben Höhe nach Ablauf von zwei Monaten gestillt. Andererseits wurden Chigis Interessen befriedigt, weil ihm durch den Vertrag das Monopol auf den Alaunhandel in Venedig zufiel. Dies war deshalb wichtig, weil Venedig, wie bereits gesagt, der Hauptumschlagplatz für Alaun aus anderen als den päpstlichen Minen war und weil die deutschen Kaufleute vorzugsweise in Venedig einkauften. In dem Bemühen des einen Vertragspartners, seine gegenwärtige Lage zu verbessern, und in dem Bestreben des anderen, seine Zukunft zu sichern, lag jedoch auch ein gewisses Konfliktpotential: Was geschähe, wenn die jetzt drohende Gefahr vorüber war oder wenn die Zukunft sich ganz anders gestalten sollte, als man es im Frühjahr 1511 absehen konnte?

Wenige Tage, nachdem die Pregadi ihre Überlegungen zu dem Vertragswerk abgeschlossen hatten, schreibt Sanudo von einem Gerücht, wonach Chigi zögere.[32] Dieses Gerücht bestätigte sich denn auch, und es vergingen noch fast drei weitere Monate, ehe der Vertrag schließlich Mitte August – und in einer wesentlich veränderten Fassung – unterzeichnet wurde.

Priuli berichtet in seinem Tagebuch, daß Chigi den Vertrag zu bereuen schien, da »er nun doch sehr skeptisch war, was die Stabilität der venezianischen Geschäfte betraf, weil die Dinge für Venedig miserabel standen und die Existenz der Stadt von mächtigen Feinden bedroht wurde.«[33] Mit dieser Einschätzung hatte Priuli gewiß recht: Waren die Verhandlungen zu Beginn noch durch ein Erdbeben aufgehalten worden, so war es diesmal keine Naturkatastrophe, sondern ein katastrophaler Wandel der politischen und militärischen Lage, der ihren Fortgang behinderte.

*

Schon seit April hatten die in den Lagern der venezianischen Armee stationierten *provveditori* von Vorbereitungen der Franzosen für eine Offensive gegen die päpstlichen und venezianischen Truppen berichtet, und als die Verhandlungen mit Chigi gerade zum Abschluß kamen, setzten sich die französischen Truppen in Marsch. Nach dem mißglückten Versuch, eine Gegenoffensive zu starten, mußte Julius II. fürchten, gefangengenommen zu werden, wenn er in Bologna blieb. Die venezianische Regierung beauftragte ihren Botschafter, den Papst davon abzubringen, die Stadt zu verlassen, weil sie fürchtete, daß »die Folge Aufstände und der Sturz des päpstlichen Regimes in Bologna wären.«[34] Doch ihr Rat blieb erfolglos. Am 21. Mai verließ Julius II. Bologna. Bereits zwei Tage später waren die Franzosen in der Stadt und setzten die Bentivogli, die Julius II. fünf Jahre zuvor als Tyrannen und Usurpatoren des Kirchenlandes vertrieben hatte, wieder als Herrscher ein. Das Volk reagierte auf diesen Schritt mit Beifall und wilder Begeisterung.[35] Ein irreparabler Verlust war Michelangelos Statue des Papstes über dem Portal der Kathedrale von San Petronio, die bei diesem Anlaß zunächst schwer beschädigt und später völlig zerstört wurde.

Noch größer aber waren die Ausschreitungen und Verwirrungen auf der päpstlichen Seite. Die päpstliche Armee hatte sich auf der Flucht aufgelöst. Wechselseitig beschuldigten sich der Gouverneur von Bologna, ein Kardinal und Günstling des Papstes, und der Kommandant der päpstlichen Truppen, der Herzog von Urbino, ein Neffe des Papstes, der Feigheit und schoben einander die Schuld für die Niederlage zu. Als sie in Ravenna zusammentrafen, tötete der jähzornige junge Herzog den Kardinal mit mehreren Degenstößen. Francesco Guicciardini, der große zeitgenössische Historiker, widmete dem Kardinal ein unvergeßliches, wenngleich kaum übersetzbares Epitaph: »Degno, forse, per tanta degnita di non essere violato, ma degnissimo, per i suoi vizi enormi e injusti, di qualunque acerbissimo suplizio« (Ob seines hohen Ranges hätte er nicht verdient, umgebracht zu werden, aber er verdiente diesen schrecklichen Tod aufgrund seiner abscheulichen und unentschuldbaren Laster). Nicht nur wegen ihrer militärischen Inkompetenz, sondern auch wegen ihrer moralischen Verderbtheit schien die päpstliche Seite zu Niederlage und Vernichtung verdammt.

In kleinen Etappen kehrte der Papst allmählich nach Rom zurück. Auf seinen Zwischenstationen in Rimini und Ancona fand er an den Kirchenportalen Anschläge vor, die das Konzil ankündigten, welches der französische König zusammengerufen hatte, um dem Papst den Prozeß zu machen. Fünf Wochen später, am 27. Juni, traf Julius in Rom ein. Zu diesem Zeitpunkt war zweifelhaft, ob der Papst seine Versuche, die Franzosen aus Italien zu vertreiben, würde fortsetzen können. Er trat, begleitet von vielen Spekulationen über seine Motive, mit Ludwig XII. in Verhandlungen ein. Wollte er einfach nur Zeit gewinnen – wenn ja, so erreichte er dieses Ziel, weil der französische König seinen Truppen befahl, nicht weiter vorzurücken – oder wollte er wirklich Frieden schließen, weil ihm weitere militärische Schritte zwecklos erschienen?

Wiederum befand sich Venedig in einer heiklen Lage. Da man erneut die Belagerung der Stadt Padua erwartete, ließ man das Land in ihrer Umgebung brach liegen, damit den Feinden nicht auch noch Nahrung und Quartiere in den Schoß fielen. Auch fürchteten die Venezianer drohende Gefahren von der Seeseite, weil sie gehört hatten, daß Ferdinand von Aragon eine große Flotte ausstatten ließ, die über die Adria nach Venedig segeln könnte. Ihre eigenen Schiffe waren gegen Ferrara im Einsatz, so daß der Golf praktisch offen war. Nur sehr langsam zeichnete sich ab, daß das Schlimmste nicht eintraf: Die Franzosen unternahmen keine weiteren militärischen Schritte und blieben auf dem Land; zudem brachte Ferdinand unmißverständlich zum Ausdruck, daß er nicht die Absicht habe, Venedig anzugreifen.[36]

Nach Wochen der Verzweiflung besserte sich die Stimmung in Venedig, obgleich sich die Venezianer nach wie vor äußerst unsicher fühlten. Priuli beschreibt die Atmosphäre folgendermaßen:

»Bei guten Nachrichten, selbst wenn sie noch so belanglos sind, nehmen sie eine arrogante Haltung ein, und bei der geringsten schlechten Nachricht wollen sie aufgeben und die Segel streichen.«[37] Hauptsorge blieb die Haltung des Papstes. Nach Meinung der Venezianer hatte er im Grunde drei Möglichkeiten: Er konnte versuchen, eine große Allianz gegen Frankreich zu bilden; er könnte Anstrengungen unternehmen, ein Bündnis zwischen Maximilian und Venedig herbeizuführen, das auf Kosten Venedigs ginge und große finanzielle und territoriale Opfer bedeuten würde; schließlich könnte er, falls ihm kein anderer Ausweg mehr bliebe, sich dem französischen König in die Arme werfen, weil er, gleichgültig ob »mit guten oder schlechten Mitteln« erreichen wollte, »nicht abgesetzt zu werden, sondern als Papst zu sterben.«[38] Letztere Möglichkeit wäre für Venedig die verhängnisvollste gewesen, da die Republik dann in eine ausweglose Isolation geraten wäre.

Waren die Venezianer im Unklaren über das Vorgehen des Papstes, so befand sich Chigi in einer noch schwierigeren Lage. Während Julius langsam entlang der Adria nach Süden und schließlich über die Berge nach Rom reiste, war Chigi gänzlich von seinen Kontakten zur Kurie abgeschnitten und konnte unmöglich wissen, was der Papst nach dem Fall von Bologna zu tun gedachte. Chigis, verdankte seinen ganzen Wohlstand der römischen Kurie und hing noch immer von ihr ab. Sollte sich der Papst von Venedig abwenden, so war der Zeitpunkt für eine große Investition denkbar ungünstig. Die Aussichten, daß Venedig sein Darlehen zurückzahlte oder sich zu einem bedeutenden Umschlagplatz für Alaun entwickelte, waren für diesen Fall sehr gering.

Doch selbst an den schwärzesten Tagen signalisierte Julius II. immer noch, daß er nicht bereit war, dem französischen König nachzugeben. Er exkommunizierte Bologna mit »dem schroffsten und erbarmungslosesten Ausschluß, den je ein Papst verfügt hatte«, und verdammte die Bewohner der Stadt mitsamt ihren Helfern auf vier Generationen. »Sicherlich«, so Priuli, »hatten sie nicht gesündigt oder sich eine Verfehlung gegen den Papst zu Schulden kommen lassen, und sie verdienten nicht, exkommuniziert zu werden.«[39] Als Reaktion auf das vom französische König einberufene Konzil gab der Papst seinerseits die Absicht kund, in Rom im Lateran ein Konzil abzuhalten, das am 1. September 1512 stattfinden sollte. Ein solches römisches Konzil wäre weiter nichts als eine bloße Verfügung des Papstes gewesen, da »in einem rechtmäßigen Konzil jeder neuere Papst von Innozenz VIII. über Alexander VI. bis zum heutigen verdammt und abgesetzt worden wäre.«[40] Auch wenn seine verzweifelten Maßnahmen Julius in den Augen der Zeitgenossen als eine moralisch fragwürdige Gestalt erscheinen ließen, so demonstrierten sie doch seinen unbeugsamen Willen. Trotzdem blieb unsicher, ob diese Maßnahmen primär taktischer Natur waren und die Verhandlungsstärke des Papstes gegenüber Frankreich verbessern sollten, oder ob sie seinen Willen widerspiegelten, den Spruch »fuori i barbari« in die Tat umzusetzen.

Im Laufe des Juli klärte sich die Lage. Aus verschiedenen Entwicklungen ließen sich die Absichten Julius' unzweideutig erkennen. Der Papst hatte den venezianischen Botschafter über seine Verhandlungen mit Ferdinand von Aragon und Heinrich VIII. von England über die Bildung einer Liga gegen Frankreich auf dem Laufenden gehalten und ihm ferner mitgeteilt, er wolle, daß Venedig im Falle eines Zustandekommens Mitglied dieser Liga werde, obwohl die Stadt nicht unmittelbar an den Verhandlungen beteiligt war. Mitte Juli trafen Berichte aus Rom ein, daß eine grundsätzliche Einigung über die Satzung der Liga erzielt worden war, wenngleich Fragen der Finanzierung noch offen bleiben mußten.[41] Auch die weiteren Vorhaben Julius' erhielten Unterstützung. Am 21. Juli traf der Schweizer Kardinal Matthias Schinner in Venedig ein; sein Einfluß zu Hause war so groß, daß er die Einsätze der Schweizer Landsknechte kontrollieren konnte. Der eigentliche Zweck seines Besuches war es, die 20 000 Dukaten entgegenzunehmen, die der Papst bei Chigi und den venezianischen Bankiers hinterlegt hatte, um die Landsknechte zu bezahlen. Schinner hatte zuerst keinen Kontakt mit der venezianischen Regierung. Nachdem er jedoch Briefe aus Rom erhalten hatte, wurde ihm ein offizieller Empfang bereitet, und man behandelte ihn als Gast der Regierung. Hierauf segelte er mit einer venezianischen Galeere zu einem Treffen mit Julius.[42] All dies ließ deutlich darauf schließen, daß der Papst vollauf mit der Planung eines neuen Feldzugs gegen Frankreich beschäftigt war.

Ende Juli 1511 befand Venedig sich in einer denkbar unsicheren Lage. Die Bedrohung, allein einen nahezu aussichtslosen Kampf gegen die vereinten Streitkräfte von Frankreich und Deutschland führen zu müssen, war vorüber, und Venedig konnte nun fest damit rechnen, Mitglied einer Koalition zu werden, die wahrscheinlich stärker als Frankreich und Deutschland zusammen sein würde. Die diplomatische Lage Venedigs war weitaus günstiger, als sie es über viele Jahre gewesen war. Und dennoch standen die Dinge zu diesem Zeitpunkt schlecht. Nach dem Fall der Stadt Bologna war eine Gefechtspause eingetreten, doch nun rückten die französischen Verbände unter La Palissa weiter vor. Ohne daß wirklich eine kriegerische Auseinandersetzung stattgefunden hätte, traten die venezianischen Truppen den Rückzug an, aus dem im Handumdrehen eine regelrechte Flucht wurde. Die venezianischen Armeen lösten sich auf. Auf dem Festland waren jetzt nur noch Padua und Treviso, wohin sich Reste der Armee zurückgezogen hatten, in venezianischer Hand. Wie bereits zwei Jahre zuvor, nach der Niederlage von Agnadello, übernahmen die venezianischen Adligen auch diesmal die Verteidigung der Städte selbst, doch konnte diese Notmaßnahme den Bedarf an Geld, das erforderlich war, um die Armee neu zu organisieren – das heißt, die verbliebenen Truppen zu entlohnen und neue aufzustellen –, nicht ersetzen.[43] »Die venezianischen Senatoren versuchen verzweifelt und fast schon panisch, auch nur *einen* Dukaten aufzutreiben«, schrieb Priuli.[44] Auch hob er hervor, daß er als Bankier schließlich wisse, wovon er rede: »Es werden fast keine Geschäfte mehr getätigt; es kann sich kein Handel entwickeln, weil die Straßen unterbrochen und oftmals gänzlich blockiert sind. Keine Steuern werden mehr bezahlt. Die Armen können sie nicht bezahlen, und auch die Mittel der Reichen sind erschöpft; von jedermann hört man nur noch endlose Klagen. Einzig die Zölle bringen noch etwas Einkommen … das aber reicht nicht für die Kriegsausgaben.«[45] Somit wiederholte sich die Lage vom Jahresbeginn, ja, sie hatte sich sogar noch verschlechtert.

Erwartungsgemäß erwachte unter diesen Umständen erneut das Interesse an einer Einigung mit Chigi. Vielleicht wollte dieser Venedig nicht eher verlassen, als das Geschäft unter Dach und Fach war. Da jedoch die Kommunikation auf dem Landweg durch den Vorstoß der französischen Truppen unterbrochen, die politische Lage insgesamt unsicher, und zudem der Papst, von dem alles abhing, unterwegs war, ist es genauso gut denkbar, daß er in Rom nicht weniger von den Ereignissen abgeschnitten war als in Venedig. Zudem hatte das Leben in Venedig seine prachtvollen und angenehmen Seiten noch nicht ganz eingebüßt. Priuli hatte in seine Beschreibung der venezianischen Finanzkrise den Satz eingefügt, daß es trotz der allgemeinen Knappheit noch immer einige sehr wohlhabende Leute in Venedig gab, die ihren Reichtum vor dem Zugriff der Herrscher zu verstecken suchten.[46] Erbittert beklagt er sich, daß die heutige Jugend – im Gegensatz zu ihren tüchtigen Vorfahren, die Geschäfte trieben und Politik machten – sich völlig dem Genuß üppigen Essens, teurer Kleider, kostbarer Juwelen und dem Spiel hingebe. Auch die Frauen trugen weiterhin luxuriöse Kleider, gemäß der neuesten, ausländischen Mode – was den großen Frauenheld Chigi wohl ganz besonders interessiert haben mag. Selbst die Nöte des Krieges boten Anlaß zu Vergnügungen.

Um die Menschen auf andere Gedanken zu bringen, wurde in Mestre ein Turnier veranstaltet,[47] auf dem ein Pferd im Wert von 40 Dukaten als erster Preis ausgesetzt war. Über vierhundert venezianische Adlige, darunter auch viele Mitglieder der Pregadi, segelten nach Mestre, um das Spektakel mitzuerleben. Angetreten waren acht venezianische Adlige, die prächtige Rüstungen über ihrem seidenen Wams trugen. Überraschenderweise findet sich unter ihnen auch ein wohlvertrauter Name, nämlich Gasparo Contarini, der später als Kardinal eine entscheidende Rolle im Kampf Roms gegen die Reformation spielen sollte. Ungeachtet der miserablen politischen Situation hatten Amusement und Vergnügungen Konjunktur.

Auch die Arbeit der Künstler ging wie gewohnt weiter.[48] Nach wie vor zahlte die venezianische Regierung den Künstlern, welche den Saal des Großen Rats ausschmückten, ihren Lohn. Weiterhin arbeiteten dort auch die Führer der venezianischen Kunstschule Bellini und Carpaccio. Giorgione, der Leiter der jüngeren Kunstschule, war wenige Monate vor Chigis Ankunft in Venedig gestorben, doch führte Tizian, einer seiner Freunde und Schüler, seinen ersten bedeutenden Auftrag, nämlich die Fresken in der Scuola di San Antonio di Padua, aus.[49] Sebastiano Luciani (del Piombo), der Giorgiones engster Mitarbeiter gewesen war, arbeitete ebenfalls in Venedig und vollendete zu diesem Zeitpunkt Giorgiones letzte große Arbeit, *Die Drei Philosophen*. Hierbei handelte es sich um eine Auftragsarbeit für den venezianischen Kaufmann Taddeo Contarini, der eine Rolle bei der Kriegsfinanzierung spielte und geschäftliche Kontakte zu Chigi unterhielt.[50]

Doch war Chigis Aufenthalt in Venedig in den Monaten Juni und Juli keineswegs nur von ausschweifendem Müßiggang geprägt. Immer wieder taucht der Name Raphael Besalù, der Chigis Vertreter in Venedig war und in dessen Wohnung im Palazzo Nani sich Chigi aufhielt, in verschiedenen Geschäftsvorgängen auf, bei denen es um den Import von Weizen und den Verkauf von Salpeter ging.[51] Zweifelsohne war auch Chigi in diese Transaktionen involviert, wenngleich sein Name nirgendwo in den Verträgen auftauchte.

Ein weiteres dringendes Anliegen Chigis in diesen Monaten war die Angelegenheit, die den vorgeblichen Grund für seinen Besuch in Venedig darstellte: Er wollte sich das Geld zurückholen, das ihm Alessandro di Franza angeblich schuldete. Bei Chigis Ankunft hatte man gemutmaßt, er wolle den Schatz von Cesare Borgia, mit dem Franza geflohen war, an sich nehmen. Womöglich hatte dieses Gerücht entstehen können, weil Franza und Chigi Cesare geholfen hatten, seine Feldzüge zu finanzieren, als dieser sich auf dem Höhepunkt seiner Karriere befand. Aus diversen Vorgängen während seines Aufenthalts in Venedig wurde jedoch ersichtlich, daß Chigi davon ausging, Franza schulde ihm Geld für eine bestimmte Menge Alaun, die dieser in Venedig verkauft habe, ohne daß er dafür eine Zahlung erhalten hätte. Allmählich zeichnete sich ab, daß die Rechtsmittel, die Chigi gegen Franza eingelegt hatte, Erfolg haben würden; ein Urteil in diesem Verfahren stand kurz bevor.[52]

Als Chigi in Venedig ankam, verließ Franza, der Konkurs ange-
meldet hatte, die Stadt und segelte nach Cattaro an der dalmatini-
schen Küste. Auf Bitten Chigis, der vom päpstlichen Nuntius unterstützt wurde, ergriff die venezianische Regierung Maßnahmen
zur Klärung der Angelegenheit: Sie inhaftierte einen Mann namens Fabricio Romano, von dem man annahm, daß er ein Vertrauter Franzas war, und forderte den venezianischen Botschafter in
Cattaro, Marco Arimondo, auf, Franza nach Venedig zurückzu-
schicken. Franza aber floh in das Umland, das unter türkischer
Herrschaft stand; um ihn nach Cattaro zurückzulocken, gewährte
ihm Arimondo sicheres Geleit und versprach dem türkischen Gouverneur, daß das sichere Geleit strikt eingehalten werde. Am 20.
Mai kam Franza unter strenger Bewachung nach Venedig und
wurde sofort inhaftiert. Aber war die venezianische Regierung
auch berechtigt, ihn einzukerkern, nachdem sie ihm sicheres Geleit versprochen hatte? Die juristischen Schwierigkeiten waren so
erheblich, daß die Sache erst nach langen Verzögerungen am 8.
Juli vor die Quarantia kam.

Offenbar war der Druck, sich gegen Franza entscheiden zu
müssen, sehr groß. Der Doge persönlich und seine Berater waren
bei der Verhandlung zugegen; direkt neben dem Dogen saßen der
päpstliche Nuntius und Chigi, denen man gestattet hatte, ihre eigene Sache vorzubringen, was juristisch jedoch äußerst zweifelhaft war. Beide Parteien wurden durch renommierte Rechtsanwälte vertreten. Ungeachtet des Drucks, den die Regierung auf die
Quarantia ausübte, ging der Prozeß zugunsten Franzas aus. Neun
Mitglieder der Quarantia hatten gegen ihn gestimmt, sieben ent-
hielten sich, und 25 stimmten für seine Freilassung. Kaum war
diese erfolgt, intervenierte die Regierung auf das Heftigste. Der
Vorsitzende des Rates der Zehn verlangte, unterstützt vom Collegio, daß der Fall noch einmal aufgegriffen werde. Nachdem in
mehreren Sitzungen nochmals diskutiert worden war, revidierte
schließlich die Quarantia am 15. Juli in Gegenwart des Dogen ihr
eigenes Urteil. Mit einer dünnen Mehrheit entschieden die Richter, Franza wieder zu inhaftieren. Ende Juli kam ein Sondergesandter des Papstes namens Antonio della Sassetta aus Rom nach Vene-

dig und trug dem Collegio das Gesuch vor, Franza nach Rom zu überführen. Das von ihm unterschlagene Geld stamme aus dem Verkauf von Alaun und gehöre daher in die päpstliche Staatskasse. Deshalb auch müsse der Fall vor einem kirchlichen Gericht entschieden werden. Die venezianische Regierung gab zur Antwort, daß sie das Gesuch prüfen werde. Für weitere zwei Jahre verblieb Franza in venezianischen Gefängnissen; im Juli 1513 kam er frei, weil man nichts gegen ihn hatte finden können.[53]

*

Alles spricht dafür, daß Chigi die Affäre Franza als eine sanfte Form der Erpressung gegen die venezianische Regierung nutzte. Das außerordentliche Interesse des Dogen und des Collegios am Ausgang des Verfahrens läßt vermuten, daß Chigi hatte durchblicken lassen, er sei eher gewillt, die Verhandlungen wieder aufzunehmen, wenn der Prozeß gegen Franza zu seinen Gunsten entschieden werde. Durch die Unterstützung der Kurie konnte er den Druck noch verstärken. Ohne Zweifel wäre Chigi auch durch seine venezianischen Informanten über die Entwicklung der diplomatischen Lage auf dem Laufenden gehalten worden, doch schien er größten Wert auf die direkten Nachrichten, die der römische Sonderbotschafter überbrachte, zu legen. Offenkundig war er sich Anfang August sicher, daß der Papst und Venedig im Krieg weiterhin auf derselben Seite standen. Also konnte es in dieser Hinsicht keine weiteren Hindernisse mehr geben, die einem Vertragsschluß im Wege standen.

So kam es schließlich zum Schlußakt. In einem wesentlichen Punkt wurde der Vertrag nochmals geändert. Man ließ jenen Teil der Abmachung fallen, der den Weiterverkauf des Alauns an Alessandro Schiapi beinhaltete. Statt dessen wurde eine Regelung vereinbart, derzufolge die Venezianer sich nach sechs Monaten entscheiden sollten, ob sie das Darlehen zurückzahlen oder den Vertrag in seiner ursprünglich festgelegten Form erfüllen und also die 7000 Cantari Alaun von Chigi aufkaufen wollten. Für diesen Fall mußte sich Chigi verpflichten, eine Person zu finden, an die das Alaun unmittelbar weiterverkauft werden konnte. Während der sechs Monate, das heißt, solange die Venezianer sich noch nicht definitiv für den Kauf entschieden hatten, wurde Chigi die Monopolstellung auf dem venezianischen Markt sowie der hohe Verkaufspreis von 20 Dukaten pro Cantaro garantiert.[54]

Kurzum, die venezianische Regierung bekam ein zinsfreies Darlehen über 20 000 Dukaten. Als Sicherheit erhielt Chigi im Gegenzug Juwelen aus der Schatzkammer von San Marco und Bürgschaften von fünfzig prominenten Venezianer Bürgern in Höhe von je 1 000 Dukaten. Darüber hinaus hatte er das Versprechen der venezianischen Regierung, sie werde sein Alaunmonopol protegieren und nicht in die Preispolitik eingreifen, sofern der Preis nicht 20 Dukaten pro Cantaro übersteige.

Priuli, der von dieser Abmachung berichtet, war sichtlich erbost über Chigi: »Mit nur wenig Mitgefühl und Nächstenliebe, vielleicht sogar in dem Wunsch, daß Venedig fallen solle, und in vollem Wissen um Venedigs dringende Bedürfnisse sowie all seine großen Schwierigkeiten und die schiere Gefahr des völligen Untergangs der Stadt, zog er, zu seinem eigenen Nutzen und Profit, die Schlinge um unseren Hals immer fester zu.«[55] Das Alaunmonopol war eindeutig von großem Vorteil für Chigi. Es muß jedoch hinzugefügt werden, daß es sich, obwohl die Juwelen und die Bürgschaften mehr als wertdeckend waren, um ein zinsfreies Darlehen handelte und daß Darlehen, trotz des Wucherverbots, nur in den seltensten Fällen ohne eine Kompensation verliehen wurden. Im übrigen mag es den Venezianern ganz recht gewesen sein, daß die Entscheidung über den Alaunkauf noch einmal vertagt wurde. Durch die neue Liga, deren Zustandekommen nun vorbereitet wurde, war eine völlig veränderte Situation entstanden. Gewiß machte die aktuelle Bedrohung der Städte Padua und Treviso sowie die Auflösung der venezianischen Streitkräfte auf dem Festland sofortige Geldausgaben in beträchtlicher Höhe unumgänglich. Aber noch schwieriger war die Einschätzung der Ausgaben, die auf Venedig zukommen würden, wenn die Liga erst einmal funktionierte. Auch war nicht völlig auszuschließen, daß die Intervention durch die Schweizer und von Seiten Spaniens ein rasches Ende des Krieges herbeiführen könnte. Und schließlich hatte Antonio Tron, wie zuvor ausgeführt, der Führungsgruppe gerade erst eine schwere Herausforderung vor Augen geführt: Die Einwilligung zu einem ganz offenkundig schändlichen Vertrag zöge zwangsläufig wachsendes Mißtrauen und Unzufriedenheit nach sich.

Girolamo Priulis Einschätzung ist exemplarisch für die Haltung vieler venezianischer Adliger gegenüber dem Vertrag. Er war von der Notwendigkeit des Darlehens überzeugt. Durch seinen Vater, der erst in jüngster Zeit Finanzverwalter gewesen war, hatte er weitreichende Einblicke in die finanziellen Schwierigkeiten der Regierung und wußte über ihre Versuche, Gelder zu beschaffen, Bescheid. Dies sind auch die beherrschenden Themen seines Tagebuchs in diesen Monaten. Für Priuli war die Freiheit und Unabhängigkeit der venezianischen Republik untrennbar mit der Aufrechterhaltung der Kontrolle über Padua und Treviso verknüpft; daher war die Organisation einer Armee, die imstande war, diese Städte zu verteidigen, von höchster Bedeutung. Die 20000 Dukaten von Chigi waren deshalb unverzichtbar, ganz egal, zu welchen Bedingungen das Darlehen zustande kam. »Jus viulandum est regnandi causa.«[56] Trotz des Eingeständnisses, daß der Vertrag unabdingbar war, betrachtete er ihn dennoch als »schändlich und gefährlich.«[57]

Das ganze Unbehagen trat am Ende der langwierigen Verhandlungen noch einmal offen zutage. Als der Vertrag in seiner jüngsten Fassung am 1. August noch einmal grundsätzlich diskutiert wurde, versuchten zwei Mitglieder der Familie Tron vergeblich, den Senat von seiner Zustimmung abzubringen; wiederum trat Antonio Grimani als Hauptverteidiger auf.[58] Am sechsten August kam die Sache ein letztes Mal auf die Tagesordnung. Chigi hatte eine Liste mit fünfzig Senatoren zusammengestellt, die er mit ihren Bürgschaften über je 1000 Dukaten als Garanten der Rückzahlung verpflichtet wissen wollte.[59] Als der Senat dann zusammentrat und die besagten fünfzig Mitglieder zur Unterschrift aufgefordert wurden, fehlten zwölf von ihnen. Nachdem man sie ausfindig gemacht hatte, verweigerten sie ihre Unterschrift. Unter diesen Umständen intervenierte der Doge ein weiteres Mal, betonte die Dringlichkeit des Darlehens und forderte andere Senatoren auf, die Verpflichtung einzugehen. Hierauf erhoben sich mehr Senatoren, als es die Situation erforderte, und erklärten sich bereit, die Verantwortung mitzutragen. Doch Antonio Tron blieb selbst jetzt unnachgiebig in seiner ablehnenden Haltung und weigerte sich, eine Bürgschaft einzugehen. Unter den Unterzeichnern aber findet man viele Mitglieder jener Familien wieder, die Chigis Ankunft im Februar so überschwenglich gefeiert hatten: Grimani, Bembo, Pisani, Cappello, Corner, Trevisan, Emo, Molino – allesamt Befürworter des politischen Bündnisses mit dem Papst.[60]

Chigi bevollmächtigte nun seinen Agenten Raphael Besalù mit der Klärung der technischen Details des Geschäfts.[61] Einen Tag nach der letzten Senatssitzung sah man Chigi zusammen mit seinen wichtigsten Helfern – Antonio Grimani, Andrea Venier, Angelo Trevisan und Pietro Balbi – die Sakristei von San Marco betreten. Dort inspizierte er die Juwelen, die er als Sicherheiten erhalten sollte.[62] Zehn Tage später brach er mit dem Schiff in Richtung Rom auf.[63] Er nahm zwei Personen mit an Bord: Den Maler Sebastiano Luciani, der kurz nach seiner Ankunft in Rom für Chigi in der Villa Farnesina zu arbeiten begann, und seine venezianische Maitresse Francesca Ordeaschi, die er einige Jahre darauf zu seiner Frau machte.

IV

CHIGI IN ROM:
DER GÜNSTLING DES PAPSTES

Bei der Lektüre von Priulis Tagebuch gewinnt man den Eindruck, als habe Chigi zwischen Mai und August in seiner Haltung hinsichtlich des Darlehens an die venezianische Regierung geschwankt. Es war äußerst schwierig, die Verhältnisse in der sich rasch wandelnden politischen Szene richtig einzuschätzen, und er zweifelte, ob Venedig überhaupt noch Überlebenschancen hatte. Aus den Aufzeichnungen geht deutlich Priulis Überzeugung hervor, daß politische Überlegungen in Chigis Verhandlungsführung einen bedeutenden Platz einnahmen. Aber inwieweit war die Politik zu einem Teil seines Plans geworden? War Chigi ein Geschäftsmann, der politische Entwicklungen primär unter dem Aspekt möglicher Investitionsrisiken betrachtete, oder nutzte er die Macht, die er aufgrund seines Reichtums hatte, auch gezielt, um politische Absichten zu verfolgen? Chigi lebte in Rom; seinen gesamten Reichtum verdankte er den päpstlichen Staaten. Die Beantwortung der Frage nach der Bedeutung politischer Überlegungen bei seinen geschäftlichen Transaktionen führt uns zu Chigis Verhältnis zur päpstlichen Politik im allgemeinen und zu Julius II. im Besonderen.

Aus historischen Berichten und biographischen Abhandlungen läßt sich nur sehr wenig über Chigis Verbindungen zur päpstlichen Politik in Erfahrung bringen. Die Auskünfte der Historiker des 16. Jahrhunderts über die Rolle ökonomischer und finanzieller Überlegungen im politischen Entscheidungsprozeß sind äußerst unbefriedigend. Wohl nehmen sie zur Kenntnis, daß die Ausgaben für militärische Aktionen eine große Belastung darstellten und die Herrschenden eher dazu neigten, verschwenderisch mit ihren Mitteln umzugehen; in der Regel legen sie jedoch zuviel Gewicht auf die Rolle der einzelnen Personen. Darüber hinaus wird offenbar nur widerwillig zur Kenntnis genommen, daß außenpolitische Vorgänge mitunter ökonomisch motiviert oder von finanziellen Interessen geleitet sind. In dieser Haltung spiegelt sich noch immer das Vermächtnis der Antike wider: Humanistische Historiker folgen dem Muster, das durch die Schriften der klassischen Historiker vorgezeichnet wurde. Für sie ist Außenpolitik identisch mit Kriegen, und Kriege bestehen aus Truppenbewegungen und Schlachten. Politik auf der einen, Finanzen und Ökonomie auf der anderen Seite – diese strikte Trennung beherrschte traditionell das Denken der Geschichtsschreiber.

Die erste Biographie Chigis wurde im 17. Jahrhundert von seinem Großneffen Fabio Chigi, dem späteren Papst Alexander VII. verfaßt.[1] Spätere Autoren steuerten zwar wertvolle Informationen bei, folgten aber im wesentlichen den Umrissen, die Fabio von Agostinos Leben gezeichnet hatte. Fabio beschreibt Agostino als den reichsten Mann seines Zeitalters, der zu solchem Wohlstand gekommen war, weil er sämtliche wichtigen ökonomischen Ressourcen des Papsttums kontrollierte und gepachtet hatte. Agostino wurde von den Fürsten hoch verehrt und war ein Förderer der Künstler und Schriftsteller. All dies bringt uns aber nicht sehr weit. Wenn wir den Stellenwert ermitteln wollen, den die Politik im Leben und in den Taten dieses päpstlichen Bankiers spielte, so müssen wir sein ganzes Leben daraufhin untersuchen: Wir müssen herausfinden, wie er zu seinem Reichtum kam, ob und inwieweit ihn diese Bestrebungen in die römische Politik verwickelten und welcher Art seine Beziehungen zu den führenden Männern der Kurie waren. Bislang haben wir Chigi lediglich aus der Perspektive seiner venezianischen Gastgeber betrachtet. Nun gilt es, seine Handlungen von den Erfahrungen her zu verstehen, die sein Denken geprägt haben.

*

Wann immer Agostino Chigis Name in offiziellen Dokumenten oder Verträgen auftaucht, wird er »mercator Senensis Romanam Curiam sequens« genannt. Freilich ist er nur einer von vielen Sieneser Bankiers in Rom, die diesen Titel tragen, und vergleichbare Bezeichnungen finden sich auch für Bankiers aus anderen italienischen Städten. Beispielsweise heißen die Florentiner »mercatores Fiorentini Romanam Curiam sequentes.«[2] Solche Titel wurden an Bankiers verliehen, die über viele Jahre hinweg mit der römischen Kurie zusammenarbeiteten. Die an der Kurie getätigten finanziellen Transaktionen waren sehr verschiedenartig und wurden von mehreren Instanzen mit jeweils unterschiedlichen Bankiers und Geschäftsleuten durchgeführt; hierbei bildeten die »mercatores Romanam sequentes« eine Sondergruppe.[3]

Der Dataria, einem von Klerikern geleiteten Amt, kam in diesem Zusammenhang eine besonders wichtige Funktion zu: Sie organisierte den Verkauf jener Ämter der Kurie, die säkulare Aufgaben hatten und von Laien versehen wurden. Ferner gingen bei der Dataria auch die Zahlungen für Privilegien, Dispensen und Ablässe ein. Da viele Ablässe den Gläubigen außerhalb Italiens angeboten wurden, mußte das auf diese Weise verdiente Geld über Banken nach Rom transferiert werden. Ebenso mußten viele andere Zahlungen wie Annaten, Servitien und Zehnte, die der Papst als Oberhaupt der kirchlichen Einrichtungen aus vielen Teilen Europas erhielt, nach Rom überwiesen werden. Häufig wurden diese Transaktionen von Personen getätigt, die keine Italiener waren. So ließ beispielsweise der Verkauf von Ablässen die Fugger in den ersten zwanzig Jahren des 16. Jahrhunderts zu einer bedeutenden Finanzmacht in Rom werden.[4]

Die in Rom lebenden italienischen Kaufleute und Bankiers waren zwar an manchen Transaktionen beteiligt, doch lagen ihre Hauptinteressen auf anderen Gebieten. Sie betätigten sich als Geldverleiher und waren mit der Eintreibung der Steuern in den päpstlichen Staaten, also jenen Gebieten, die der direkten Kontrolle des Papstes unterstanden, betraut.[5] Somit waren diese beiden Aktivitäten – die Verleihung von Darlehen und die Verwaltung beziehungsweise die Pacht von Steuereinkünften – eng miteinander verknüpft. In gewisser Weise war auch die Steuerverpachtung eine Form des Geldverleihens: Zu Beginn eines jeden Vertragsjahres bezahlte der Steuerpächter eine bestimmte Summe an den päpstlichen Kämmerer, für die er erst ein Jahr später, also nach Eingang der Steuereinkünfte, vergütet wurde. Hierbei hoffte der Pächter natürlich, daß die nach Ablauf eines Jahres ausbezahlte Summe größer sein werde, als die, welche er zu Vertragsbeginn investiert hatte. Man erwartete von denselben Bankiers auch, daß sie im Bedarfsfall Darlehen an den Papst vergeben würden; selbstverständlich war diese Form des Entgegenkommens die Voraussetzung dafür, bei der Vergabe attraktiver Steuerpachtverträge von der Kurie bevorzugt behandelt zu werden.[6]

Aufgrund der Sonderstellung und der Struktur des päpstlichen Staates war die Steuerverpachtung ein sehr profitables Geschäft. Der päpstliche Staat war, wie Jacob Burckhardt sagte, »eine völlige Anomalie unter den Ländern Italiens.«[7] Die Päpste waren zugleich Oberherren von mächtigen Herrschern wie den Königen von Neapel oder den Herzögen von Ferrara und Urbino. Zu ihren Vasallen gehörten so unangenehme Clans wie die Colonna oder die Orsini, die über riesige Ländereien verfügten; zugleich waren sie Suzeräne von Adligen, die nur schmale Landstreifen um ihre Burgen besaßen. Große Städte wie Bologna und Perugia, deren Bewohner sich gegen die Tyrannei der Familien Bentivogli oder Baglioni wehrten, wurden ebenso von den Päpsten regiert wie etwa die freie Stadt Ancona.

Obwohl diese politische Struktur sehr fragil war und nur deshalb Bestand hatte, weil »hier die geistliche Macht die mangelhafte Ausbildung der weltlichen unaufhörlich decken und ersetzen hilft«, wie Burckhardt sagt, trug die Form der Finanzverwaltung nicht der Vielfalt aller untergebenen Städte und Gebiete Rechnung. Sie war zwar komplex, funktionierte aber im Grunde in allen päpstlichen Staaten nach ähnlichen, nahezu gleichen Regeln. Hierbei hatten freilich die großen, fast unabhängigen Vasallen wie Neapel, Ferrara oder Urbino ihre eigene Finanzverwaltung. Sie erfüllten ihre finanziellen Verpflichtungen gegenüber ihrem Suzerän in Form einer einmaligen Jahreszahlung, die am

Tag des Festes von St. Peter und Paul entrichtet wurde: Bei dieser Gelegenheit bezahlte der Herzog von Ferrara 4000 und der Herzog von Urbino 1400 Dukaten; der König von Neapel gab dem Papst ein weißes Pferd.[8] Ebenso mußten manche Grundbesitzer feste Jahresabgaben entrichten. Ziemlich unbedeutend waren die Einkünfte von den Besitzern kleinerer Ländereien; auch erhoben manche freie Kommunen ihre eigenen Steuern und führten einen festen Betrag an den Apostolischen Kämmerer ab.

Dessenungeachtet hatte die Kurie auf all ihren Territorien – mit Ausnahme von Ferrara und Urbino – ihr eigenes Steuersystem etabliert. Grundsätzlich gab es zwei verschiedene Formen von Einkünften: Die eine waren sogenannte Subsidien; unter diesem Namen faßte man alle gängigen direkten und indirekten Steuern – eine Kaminsteuer, sowie Zölle und Abgaben auf Exporte und Importe – zusammen. Die zweite Einkommensquelle war das päpstliche Salzmonopol, das unabhängig von den Subsidien verwaltet wurde. Zum Zwecke des Steuereinzugs hatte man die päpstlichen Staaten in bestimmte Verwaltungseinheiten unterteilt: Es gab einerseits Provinzen – die Romagna, die Campagna, die Marche und das Kirchengut von St. Peter – und andererseits große Städte wie Bologna, Perugia und natürlich Rom. In jedem Distrikt waren zwei Beamte mit der Erhebung der Einkünfte betraut: Einer der beiden, der »Schatzmeister« war für die Subsidien zuständig, wogegen der andere für die Erträge aus dem Salzmonopol verantwortlich war. Aufgrund seiner Größe und seiner ökonomischen Bedeutung verfügte Rom über eine besondere Organisation seiner Finanzverwaltung.[9] Für sämtliche Importe, die auf dem Land-[10] oder Seeweg beziehungsweise auf dem Tiber[11] eintrafen, sowie für Fleisch- und Nahrungsmittelimporte mußten Abgaben bezahlt werden,[12] für deren Eintreibung jeweils ein spezieller Beamter zuständig war. Dies galt ebenso für die Steuer, die auf das Weiderecht erhoben wurde,[13] sowie für die Weinsteuer, für die man auch den attraktiven Namen Universitätssteuer gebrauchte, weil die Gehälter der Universitätsprofessoren teilweise durch sie finanziert wurden.[14] Die von den verschiedenen Beamten und Steuerpächtern eingezogenen Gelder wurden an den höchsten Steuerbeauftragten,[15] zugleich der oberste Laienbeamte, weitergeleitet, der ein Amt in der Finanzverwaltung der Kurie bekleidete. Dieser unterstand seinerseits den Klerikern der Apostolischen Kammer, die vom Kanzler, der zugleich Kardinal war, geleitet wurde.

Die Steuerpacht bei der Kurie konnte zwar sehr profitabel sein, doch barg sie auch gewisse Risiken in sich. So man dieses Geschäft beherrschte, konnten die Einkünfte bei weitem den Betrag übersteigen, den der Steuerpächter jährlich an die Kurie abführen mußte; zudem bot die Position viele Chancen für hilfreiche Kontakte und Protektionen. Doch mußte man die sich bietenden Gelegenheiten rasch und in vollem Umfang nutzen. Die Pachtzeiten waren gewöhnlich auf drei Jahre beschränkt, und innerhalb dieser Zeit konnten auch Entwicklungen eintreten, die – teils durch menschliches Verschulden, wie im Kriegsfall, teils durch göttliche Fügung, wie bei Mißernten – das Einkommen erheblich schmälerten. Die Verlängerung der Verträge mit den steuerpachtenden Bankiers konnte von deren Bereitschaft, zusätzliche Darlehen zu gewähren, abhängig gemacht werden. Durch den plötzlichen Tod eines Papstes oder eines einflußreichen Kardinals konnten sämtliche Chancen auf die Rückzahlung eines Darlehens unter Umständen mit einem Schlag zunichte gemacht werden. In der Regel waren nur Unternehmen mit ausreichenden Rücklagen oder mehrere Unternehmen im Verbund in der Lage, sich auf dieses schwierige Feld finanzieller Aktivitäten zu wagen.

Aufgrund der damit verbundenen Schwierigkeiten und Risiken waren nicht alle Bankiers an der Kurie gleichermaßen an den verpachteten Steuern interessiert. Auf bestimmte Steuern war ihnen außerdem der Zugriff verwehrt. So stellten etwa die Bentivogli sicher, daß der Einzug der Steuern in Bologna durch Bologneser Bürger erfolgte.[16] Außerdem war die Verpachtung bestimmter Steuern kaum rentabel, weil die aus ihnen bezogenen Einkünfte entweder nur sehr gering waren, oder aber, wie im Fall der durch den Schatzmeister von Benivent eingezogenen Steuern, vollständig für die Gehälter des Gouverneurs, des Kastellans und anderer hoher Beamter aufgebracht wurden. Unter diesen Steuereintreibern findet sich der Titel »mercator Romanam Curiam sequens«

nur sehr selten. Andere Steuern konnten hingegen durchaus profitable Einkommensquellen sein und erweckten den Neid anderer Kaufleute und Bankiers. Man ging davon aus, daß die römische Salzsteuer insgesamt die höchsten Profite abwarf.[17] Weitere einträgliche Quellen waren die Steuern, die an den Schatzmeister der Marche[18] abgeführt werden mußten, sowie die Salzsteuern dieser Provinz.[19] Fast ebenso hoch waren die Einkünfte aus den Steuern und Zöllen des römischen Distrikts, also die Abgaben für Importe, die über Land[20] oder auf dem Seeweg[21] eingeführt wurden, sowie die Abgaben für das Weiderecht in Rom und das Kirchengut von St. Peter.[22] Auch das Einkommen aus den Fleisch- und Lebensmittelsteuern war sehr hoch, doch mußten hiervon die Gehälter der Beamte der Stadt Rom und der Engelsburg bezahlt werden.[23]

Die Beträge, die der steuerpachtende Bankier jährlich an die Kurie abzuführen hatte, gingen an den obersten Steuerbeauftragten. Dies war zweifelsohne die begehrteste Position, die ein »mercator Romanam Curiam sequens« überhaupt erreichen konnte. Wenn er bestimmte Auszahlungen zu leisten hatte, standen ihm mitunter beträchtliche Summen zur Verfügung. Auch hatte er, was häufiger vorkam, Vorschüsse zu leisten, falls bestimmte Ausgaben sofort gedeckt werden mußten. Jeder oberste Steuerbeauftragte war zugleich an der Verleihung von Geldern beteiligt, einerseits, um zeitliche Abstände zwischen Ausgaben und Einkünften zu überbrücken, andererseits, um dem Papst für seine persönlichen Belange oder für politische und militärische Maßnahmen Darlehen zu geben.[24] Zwar konnten diese Darlehen hohe Gewinne abwerfen, doch war nicht gewährleistet, daß er die angeforderten Mittel auch tatsächlich immer bereitstellen konnte. Aus diesem Grunde arbeitete er eng mit anderen Bankhäusern zusammen, vorzugsweise mit solchen, die von Kaufleuten aus seiner eigenen Stadt geleitet wurden. Durch diese Zusammenschlüsse waren seine finanziellen Ressourcen für den Fall abgesichert, daß ein Betrag angefordert wurde, der sein flüssiges Kapital überstieg. Aufgrund seines Einflusses und der ihm zur Verfügung stehenden Einkünfte konnte der oberste Steuereintreiber für seine Geschäftsfreunde Privilegien und Vorteile sichern und ihnen helfen, zu profitablen Steuerpachten zu kommen. Wer diese Position innehatte, besaß im päpstlichen Rom größte Macht und weitreichenden Einfluß.[25]

Als Agostino Chigi in den ersten Jahren nach 1490 zunehmenden Einfluß in der römischen Finanzwelt bekam, war Antonio Spannocchi gerade oberster Steuereintreiber. Spannocchi stammte aus einem Sieneser Unternehmen, das sich ›Erben von Ambrogio de Spannocchi und Partner‹ nannte.[26] Durch die Hervorhebung, daß das Unternehmen seine Ursprünge auf Ambrogio de Spannocchi zurückführte, brachten die Mitglieder des Hauses Spannocchi eine lange Tradition in den Finanzgeschäften der römischen Kurie zum Ausdruck. Ambrogio war von 1455 bis 1464 oberster Steuereintreiber gewesen. Er war auf Cosimo de' Medici gefolgt, der von Papst Nikolaus V., einem engen Vertrauten der florentinischen Humanisten, ernannt worden war. Ambrogio de Spannocchi wurde von Calixtus III., dem ersten Papst aus dem Geschlecht der Borgia, zu diesem Amt berufen. Unter Calixtus III. war der Sieneser Kardinal Aeneas Silvius Piccolomini eine äußerst einflußreiche Persönlichkeit an der Kurie. Als Aeneas Silvius Piccolomini dann Papst Pius II. wurde, konnte Ambrogio in seinem Amt verbleiben und behielt es, bis zum Ende von Pius' Herrschaft im Jahr 1464. Als ein anderer Borgia, Alexander VI., 1492 Papst wurde, war klar, daß das hohe Amt wieder an ein Mitglied des Hauses Spannocchi vergeben würde. Das Unternehmen wurde damals von drei Söhnen Ambrogios, Antonio, Alessandro und Giuliano, geleitet. Die herausragende Gestalt unter ihnen war Antonio.

Nach einigen Jahren war es den Spannocchi gelungen, viele der ehemaligen Steuerpächter aus ihren Positionen zu verdrängen, so daß sie nunmehr selbst Zugriff auf die meisten profitablen Einkommensquellen in der Administration der päpstlichen Staaten hatten.[27] Die Zahl der lukrativen Positionen, die sie im Jahr 1500 innehatten, war beträchtlich.[28] Zu Weihnachten 1500 übernahmen sie auch die Verwaltung der römischen Salzsteuer, die ihnen für die Dauer von sieben Jahre überlassen wurde. Für denselben Zeitraum kontrollierten sie auch die Salzsteuer der Romagna und von Perugia. Ab 1499 waren sie zudem drei Jahre lang Schatzmeister der Marche und somit auch für die Salzsteuer dieser Provinz zuständig; in dieser Zeit hatten sie ferner die römische Weinsteuer gepachtet. Wie bereits ausgeführt, brachten die römische Salzsteuer und die Steuern der Marche die höchsten Einkünfte unter allen päpstlichen Steuern ein. Die Verwaltung der Steuern, welche die zweithöchste Rentabilität versprachen – jener auf Importe nach Rom auf dem Land- oder Schiffsweg –, lag in den Händen eines Sieneser Bankhauses, das von Stefan de Ghinucci geleitet wurde. Ghinucci war ein enger Geschäftsfreund der Spannocchi. Als Ambrogio de Spannocchi 1455 oberster Steuereintreiber wurde, waren die Ghinucci seine Geschäftspartner. Die Zusammenarbeit beider Häuser wurde auch in der Folgezeit fortgesetzt. Darüberhinaus war die attraktive römische Steuer auf Lebensmittel und Fleisch in den Händen eines Verwandten der Spannocchi, der zudem Schatzmeister des Kirchenschatzes von St. Peter war: Die Rede ist von Alessandro di Franza, dem wir bereits an anderer Stelle begegnet sind. Und schließlich war Alessandro de Lenis, ein Angestellter der Spannocchi-Bank, Pächter jener Steuern, die an den Toren Roms entrichtet werden mußten.

*

Agostino Chigis Karriere in der römischen Finanzwelt begann als Mitglied einer Gruppe, die dem Haus Spannocchi sehr nahe stand. Agostinos Vater, Mariano, war Bankier in Siena; dort waren die Chigi ebenso bedeutend wie die Spannocchi oder Ghinucci. Doch hatten die Chigi keine Bank in Rom und schickten deshalb Agostino und einen seiner Brüder, der kurz darauf starb,[29] nach Rom, um auch an der Kurie vertreten zu sein. Am 31. März 1487 – Chigi befand sich gerade auf dem Weg nach Rom oder war dort erst vor kurzem eingetroffen – schloß Mariano einen Vertrag mit Stefan de Ghinucci und seinen Partnern, demzufolge sein Sohn Agostino Teilhaber des Hauses Ghinucci werden sollte (»Iniat Societatem«); in dieser Absicht investierte Mariano 2 000 Dukaten in das Unternehmen Ghinucci.[30] Im Falle der Auflösung des Unternehmens sollte eine Hälfte des Anteils der Chigi an Agostino und die andere an Mariano und seine übrigen Nachkommen gehen.

Seine erste Ausbildung als Geschäftsmann erhielt Agostino in Siena und in Viterbo in der Bank, welche seinem späteren Geschäftspartner Francesco Tommasi gehörte. Diese Ausbildung ging offenbar während seiner ersten Jahre in Rom weiter.[31] Rasch bekam Agostino Selbstvertrauen, weil er seinem Vater gesagt hatte, daß das Geld, welches dieser in die Ghinucci-Bank zu investieren gedachte, bei ihm größere Profite tragen würde. Mitte der neunziger Jahre des 15. Jahrhunderts war Agostinos Lehrzeit abgeschlossen. In der römischen Geschäftswelt konnte er nun als sein eigener Herr auftreten. Im Juni 1494 pachtete er, zunächst für die Dauer von drei Jahren, die Steuer auf die Weiderechte im Patrimonium; der Vertrag wurde danach mehrmals verlängert und endete schließlich im Jahr 1505.[32] Im selben Sommer kaufte Chigi Weizen für die päpstliche Hauswirtschaft, weil Alexander VI. die Qualität des Weizens aus der Region Siena für besonders gut hielt.[33] Im Jahr darauf, 1495, erwarb Chigi gegen Bezahlung von 11 000 Dukaten eine dreijährige Pacht für die Besteuerung von Importen, die auf dem Landweg nach Rom kamen.[34] Somit war sein Ruf als Bankier mit Fähigkeiten und Vermögen etabliert, und er wurde zu einem viel gefragten Mann. An Piero de' Medici vergab er ein Darlehen über 4 000 Dukaten, für das er Gobelins, Juwelen und Möbel erhielt. Diese Gegenleistungen waren ursprünglich als Sicherheiten gedacht, obwohl im Grunde jedermann klar war, daß Piero nicht in der Lage sein würde, seine Schulden zu bezahlen, und die Güter somit in Chigis Besitz übergehen würden.[35] Dies war der Beginn von Chigis Verbindung zu den Medici, die bis zu der Zeit anhalten sollte, als Kardinal Giovanni Medici, dem Chigi mehrere Darlehen gewährt hatte, Papst Leo X. wurde.

Agostino unterhielt auch mit anderen führenden italienischen Familien geschäftliche Verbindungen. Unter anderem transferierte er Geld für den Herzog von Urbino, Guidobaldo da Montefeltre.[36] Sein wichtigster Kontakt zu dieser Zeit war indessen die Bekanntschaft mit Cesare Borgia. Chigi hielt sich in den Monaten November und Dezember 1499 bei Cesare auf, als dieser gerade seinen Feldzug zur Eroberung der Städte in der Romagna führte, und half ihm, von den Spannocchi ein Darlehen für seine militärischen Unternehmungen zu bekommen.[37] Agostinos Vorgehen in dieser Situation bezeugt, daß er, obwohl inzwischen ein geachteter Finanzier, einen Großteil seines Ansehens noch immer der Tatsache verdankte, daß er Mitglied einer mächtigen Gruppe Sieneser Bankiers war. Ein Zeichen hierfür ist der Umstand, daß er und Alessandro di Franza bei mehreren Vorgängen, besonders bei den Geschäften mit der Apostolischen Kammer, als Partner geführt werden.[38] Es ist nicht überraschend, daß ein so dynamischer und von seinen Fähigkeiten überzeugter Mann wie Chigi mit seiner Stellung als Mitglied einer Gruppe nicht zufrieden sein konnte. Chigi hielt Ausschau nach einer Möglichkeit, die ihm ein unabhängigeres Betätigungsfeld eröffne, und begann sich für die Verwaltung der Alaunförderung in den Tolfa-Minen nördlich von Rom zu interessieren; die Pacht befand sich damals in den Händen der »Erben von Paolo Rucellai«, einer Florentiner Bank an der römischen Kurie, lief jedoch im Mai 1501 aus. Agostino war sich bewußt, daß er zur Durchsetzung seines Antrags auf die Pacht die Unterstützung der Spannocchi brauchte. Da er sie an den Profiten der Tolfa-Minen beteiligte und er Papst Alexander VI. einen Vorschuß über 7 000 Dukaten auf die Weidesteuer und einen weiteren über 20 000 auf die Einkünfte der Minen gab, erhielt er schließlich den Zuschlag.[39] Dies war der entscheidende Schritt in Chigis Karriere, und die Art der Übereinkunft zeigt, wie klug Chigi dieses Unterfangen angegangen war.

Das »Appaltum Alluminum Sanctae Cruciatae et Camerae Apostolicae«, wie der Vertrag hieß, galt für die Dauer von zwölf Jahren wie zuvor bei den Rucellai. Chigis Vertrag wich von früheren jedoch insofern ab, als er sich verpflichtete, eine jährliche Summe in Höhe von 15 000 Dukaten zu bezahlen. Abbau und Verkauf des Alauns waren hierbei allein seine Sache. Ehedem hatte sich die Apostolische Kammer selbst in den Verkauf des Alauns in bestimmten Gegenden eingeschaltet und erhielt dafür einen Teil des Profits aus den anderen Verkäufen. Im Vergleich zu den ungewissen Einkünften der Minen in früheren Jahren war die mit Chigi vereinbarte Vertragsänderung für die Apostolische Kammer äußerst vorteilhaft, doch eröffnete sich auch Chigi auf diese Weise ein größerer Handlungsspielraum. Er war alleiniger Geschäftsführer, obgleich ausgemacht war, daß er sich mit den Spannocchi absprechen und ihnen genauen Bericht erstatten mußte. Die Spannocchi sollten zwei Fünftel des Gewinns erhalten.[40] Der Rest ging an Agostino.

Bis zu diesem Zeitpunkt war Chigi als Partner der Ghinucci-Bank oder im Namen von »Mariano Chigi und Erben« aufgetreten. Nachdem er jedoch Pächter der Tolfa-Minen geworden war, brauchte er auch die formale Anerkennung als unabhängiger Geschäftsmann und Unternehmer. Dieser Schritt sollte rasch folgen. Im Mai 1502, also ein Jahr nach Inkrafttreten des Tolfa-Vertrages, wurde ein neues Unternehmen gegründet, dessen Ziel es war, Geschäfte mit der Kurie zu tätigen (*per fare trafico et traficare*).[41] Das Unternehmen sollte zunächst für die Dauer von drei Jahren mit einer Verlängerungsoption für weitere fünf Jahre bestehen. Es setzte sich aus den drei Partnern Mariano Chigi, Agostino Chigi und Francesco Tommasi zusammen, die allesamt Sieneser Abstammung waren. Das Firmenkapital belief sich auf 8 000 Dukaten, wovon Mariano und Agostino jeweils 3 250 und Tommasi 1 500 Dukaten beisteuerten. Tommasi sollte in Rom bleiben, um den Kontakt mit der Kurie aufrechtzuhalten. Mariano sollte in den drei folgenden Jahren für jeweils sechs Monate in Rom sein, und Agostino war an den laufenden Geschäftsvorgängen nur soweit beteiligt, wie es ihm beliebte. Zweifellos war Agostino der führende Kopf dieses Zusammenschlusses. Während die von Tommasi und Mariano geführten Geschäfte sich innerhalb des durch das Unternehmen gesetzten Rahmens bewegen mußten, konnte Agostino uneingeschränkt seinen eigenen Geschäften nachgehen. Im übrigen war als Geschäftsort der Firma Agostinos Haus vorgesehen.

Somit hatte Agostino, »mercator Senensis Romanam Curiam«, eine ganze Reihe von Einkommensquellen: Er war Steuerpächter, Leiter der Tolfa-Minen und besaß zudem sein eigenes Unternehmen. Trachtete er danach, die Taue, die ihn an das Haus Spannocchi banden, zu kappen, und versuchte er, sich zu befreien? Unter Berücksichtigung späterer Ereignisse ist dies durchaus wahrscheinlich. Doch während der Borgia-Periode gibt es keinen eindeutigen Hinweis, daß Chigi mit diesem Gedanken gespielt hätte.

Die Lage der Kurie veränderte sich grundlegend mit dem Tod von Papst Alexander VI. im August 1503; durch dieses Ereignis war auch Chigis weitere Karriere gefährdet. In der Finanzverwaltung der Kurie schien nach dem Ende der Borgias zunächst alles beim Alten zu bleiben. Die Spannocchi und die Ghinucci schlossen einen Vertrag mit dem Kardinalskolleg, durch den sie sich verpflichteten, 15 000 Dukaten für die Organisation des Begräbnisses von Alexander VI. und die Vorbereitungen für das Konklave zu spenden. Im Gegenzug erwarteten sie, binnen eines Jahres ihr Geld zurückzubekommen, und behielten als Sicherheit Juwelen aus dem päpstlichen Palast sowie die Einkünfte, die sie als Schatzmeister der Marche und Eintreiber der Salzsteuer in dieser Region bezogen. Darüber hinaus erhielten sie die Garantie, daß sie diese Positionen bis zur vollständigen Rückzahlung der Schuld behalten konnten.[42] Da Antonio Spannocchi, der oberste Steueraufseher, wenige Tage vor Alexander VI. gestorben war, legten sie besonders großen Wert auf diese Bürgschaften, da sie fürchten mußten, diese wichtige Position einzubüßen. Doch bald darauf konnten sie sich beruhigt fühlen. Der Nachfolger des Borgia-Papstes war Pius III., ein Piccolomini aus Siena. Als er nach seiner Krönung vom Altar herabstieg, wandte er sich an Giuliano Spannocchi und ernannte ihn zum Oberaufseher. Mit Tränen in den Augen erinnerte er ihn, daß Ambrogio Spannocchi, Giulianos Vater, dieselbe Funktion unter seinem Onkel, Pius II., innegehabt hatte.[43]

Doch schon im ersten Monat seiner Amtszeit verstarb der zweite Piccolomini-Papst. Sein Nachfolger war Julius II., ein starker, unnahbarer Herrscher und entschiedener Kritiker der Verhältnisse, die sich unter den Borgias entwickelt hatten. Man hat die Tatsache, daß Chigi die Gunst dreier Päpste – Alexander VI., Julius II. und Leo X. – erlangen konnte, die alle sehr starke, wenngleich unterschiedliche Persönlichkeiten waren, immer wieder als Beleg für den überwältigenden Eindruck, den er bei allen, die ihm begegneten, hinterließ, sowie für seine enormen diplomatischen Fähigkeiten gedeutet. Bedenkt man den Einfluß, den Sieneser Bankiers auf die Finanzgeschäfte der Kurie unter Alexander VI. ausübten, dann kann der Aufstieg des einmalig begabten Sohnes eines reichen Sieneser Bankiers an der Borgia-Kurie kaum überraschen. Ebensowenig ist seine eminente Bedeutung in der Zeit des Medici-Papstes erstaunlich. Schon viele Jahre, bevor Giovanni Medici Papst Leo X. wurde, hatte Chigi gegenüber den Medici finanzielles Entgegenkommen gezeigt. Zudem war Chigis Haus eine der berühmtesten Villen Roms. Er war ein Freund und Förderer Raphaels und anderer Künstler, die auch Leo X. unterstützte. Als Förderer humanistischer Studien und Gönner von Schriftstellern war Chigi eine führende Figur auf Gebieten, die die Medici seit dem 15. Jahrhundert gepflegt hatten. Leo X. hatte allen Grund, Chigi als Zierde seines Hofes zu betrachten. Dennoch gehörte er niemals zum Kreis der engsten Vertrauten des Papstes wie die Bibbiena, Castiglione, Bembo, Rucellai und die Sadoleto. Fast noch erstaunlicher ist die Tatsache, daß Chigi am Hof des Medici-Papstes keinen höheren Grad an Einfluß und Bekanntheit errang, als daß er eben eine bekannte Figur des römischen Lebens zur Zeit Leos war.

Doch ist der Umstand, daß Chigi die Gunst, ja sogar die Freundschaft Julius' II. gewann, eine erstaunliche Leistung. Julius blickte auf die Borgias mit erbittertem Haß, der sich auch auf all ihre Günstlinge erstreckte. Er verließ die Gemächer der Borgia im Vatikan, um nicht an jene Borgias »der verfluchten Erinnerung« denken zu müssen und gab viele der von den Borgias eroberten Gebiete an ihre früheren Besitzer – die Sforzas, Gaetanis, Colonnas und Orsinis – zurück.[44] Ferner kündigte oder änderte er die unter Alexander VI. »gegen die Interessen und zum Nachteil der Apostolischen Kammer« geschlossenen Finanzverträge.[45] Der Tradition folgend, ernannte er Paolo Sauli, einen Bankier aus seiner Heimatstadt Genua, zum obersten Steuereintreiber; rasch wurden die Sauli, wie ehedem die Spannocchi unter Alexander VI., zu Pächtern der wichtigsten Steuern, die in den päpstlichen Staaten zu vergeben waren. Ab 1504 waren sie Pächter der römischen Salzsteuer, und wenige Jahre darauf übernahmen sie auch die Steuerpacht für das Weiderecht und die Überland-Importe nach Rom. Auch wurden sie Schatzmeister in Perugia und Umbrien. Kurzum, die Sauli traten in die Fußstapfen der Spannocchi, an die Stelle des Einflusses der Sieneser Bankiers trat der Einfluß der Genueser.[46] Agostino Chigi jedoch blieb von Julius' Kampagne gegen die Borgias und ihre Anhänger verschont. Er blieb auch weiterhin Pächter der Tolfa-Minen, und sein Vertrag wurde zu Beginn des Jahres 1504 ausdrücklich bestätigt.[47]

Es gibt eine ganz offenkundige Erklärung für die bevorzugte Behandlung, die Chigi widerfuhr. Die Wahl Giuliano della Roveres zum Papst Julius II. war offene Simonie.[48] Obgleich die vielen Pfründe, die er von seinen ersten Jahren an verteilt hatte, ihm nun eine beträchtliche Stimmenzahl einbringen mußten, brauchte er zweifellos eine große Geldmenge um Weiteres zu bewirken. »Nicht von Hunderten, sondern von Tausenden und Zehntausenden Dukaten ist hier die Rede«, berichtet ein venezianischer Botschafter aus Rom. Manche Zeitgenossen vermuteten bereits, daß Chigi einer der Geldgeber gewesen sein könnte, die Giuliano della Rovere einen Großteil der Summe verschafft hatten, die dieser brauchte, um sich in das Amt des Papstes einzukaufen. Und obgleich sich – wie bei derlei Transaktionen kaum anders zu erwarten – keine Beweise finden lassen, ist es doch äußerst wahrscheinlich, daß Chigi tatsächlich große Geldmengen an Giuliano verliehen hat. Nicht minder gerechtfertigt könnte auch die Vermutung sein, daß Chigi darauf bestanden hatte, im Falle von Giulianos Wahl Pächter der päpstlichen Alaunminen bleiben zu können, genauso wie die Spannocchi die Sicherung ihrer Positionen in der kirchlichen Finanzverwaltung zur Bedingung eines Darlehens an die Päpste gemacht hatten.

Ebenso gut denkbar ist, daß der neu gewählte Papst, nachdem er Chigi die Verlängerung des Vertrags versprochen hatte, einen Blick auf die unter dessen Führung erzielten Bilanzen der Tolfa-Minen warf und von dem Ergebnis seiner Nachforschungen beeindruckt war: Die Einkünfte, die die päpstliche Schatzkammer aus den Tolfa-Minen bezog, waren nicht nur regelmäßiger, sondern vermutlich auch höher, als es unter früheren Pächtern der Fall gewesen war. Chigi hatte die Organisation der Arbeitsgänge erheblich verbessert: Man konzentrierte sich auf die ergiebigsten Adern und beschäftigte Männer, die schon in den Alaunminen von Kleinasien gearbeitet hatten. Auch hatte er ein Vertriebsnetz in den größeren italienischen Städten sowie in Lyon und London aufgebaut und unterhielt Verträge mit Kaufleuten aus anderen Teilen Europas.[49] Chigi schien fest entschlossen, jene Forderung zu verwirklichen, wonach, gemäß einer Bulle von Papst Pius II. aus dem Jahr 1463, das Alaun aus Tolfa eine Monopolstellung auf allen Märkten des christlichen Europa bekommen sollte. Hier deckten sich die Interessen des Papstes mit jenen des Bankiers. Chigi wollte alle Möglichkeiten, die der Reichtum der Tolfa-Minen offerierte, voll ausschöpfen. Julius II. hatte, trotz aller überraschenden Wendungen seiner dramatischen Politik, *ein* Ziel fest vor Augen: alle Rechte und Territorien, die das Papsttum besaß, zu verteidigen und jene zurückzugewinnen, die es verloren hatte. Der Papst erkannte genau, daß die Monopolstellung des Alauns aus Tolfa auf dem europäischen Markt nicht nur seine Finanzen stabilisieren, sondern auch seine Stellung als Autorität in Europa untermauern würde. Deshalb war dieses Monopol eines jener päpstlichen Rechte, die unbedingt gewahrt und ausgebaut werden mußten. Diese Absicht war das Bindeglied, das den Papst und seinen Bankier zu einer Zusammenarbeit verband, die sich rasch vertiefen sollte. Bald schon war vergessen, daß sie eigentlich aus feindlichen Lagern stammten.

*

Den Höhepunkt von Chigis Karriere bildeten die zehn Jahre zwischen 1503 und 1513, als Julius II. auf dem päpstlichen Thron saß. Doch obgleich Chigi der bekannteste Finanzier am päpstlichen Hof war, war er dennoch nicht allmächtig, und es gab durchaus noch andere bedeutende Bankiers neben ihm. Das Haus Spannocchi erlebte freilich einen raschen Niedergang, und Chigi mag hierbei sehr wohl seine Finger im Spiel gehabt haben.[50] Im Januar 1504 wechselte der frühere Repräsentant der Spannocchi, Raphael Be-

salù, in das Unternehmen Chigis und wurde dessen Agent.[51] Chigi
kündigte die Partnerschaft mit den Spannocchi im Alaungeschäft
auf, was langwierige gerichtliche Auseinandersetzungen nach sich
zog.[52] Die Ghinucci hatten weiterhin wertvolle Steuerpachten der
Apostolischen Kammer inne, und auch hier hatte Chigi vermutlich
helfend eingegriffen.[53] Gleichzeitig aber entwickelten sich Banken,
die mit Chigi nichts zu tun hatten, zu bedeutenden Faktoren in der
Finanzverwaltung der Kurie. Als die Päpste – zunächst Julius II.
und später Leo X. – den finanziellen Nutzen erkannten, der, insbesondere in Deutschland, aus Ablässen gewonnen werden konnte,
wurde die römische Bank der Fugger, die 1495 gegründet worden
und vorwiegend mit der Überweisung päpstlicher Einkünfte aus
Deutschland beschäftigt war, zusehends mächtiger und verfügte
über größere Ressourcen.[54]

Vor allem aber gewannen die Sauli, die ihre Wurzeln im mächtigen Genueser Bankgewerbe hatten und als oberste Steueraufseher
tief mit der römischen Finanzwelt verwoben waren, an Reichtum
und Einfluß. Chigi, der als Pächter der Tolfa-Minen einen jährlichen Festbetrag an die Apostolische Kammer abführen mußte, gelang es, seine Geschäfte abseits des Einflußbereichs des obersten
Aufsehers abzuwickeln. Chigi und die Sauli schienen – ob aus Zufall oder absichtlich – größte Vorsicht walten zu lassen, um nicht
in die Geschäftsbereiche des anderen einzudringen. Dies bedeutete
keineswegs, daß die Chigi nicht auch weiterhin von den Vorzügen
profitiert hätten, welche die Bankiers aus der Finanzverwaltung
der Kurie ziehen konnten. Ab 1510 wurden sie für die Dauer von
fünf Jahren zu Schatzmeistern des Kirchenguts und überdies pachtete Chigi 1511 die Steuereinkünfte aus den Weiderechten.[55] Indessen unterließ das Unternehmen Chigi jeglichen Versuch, die Verwaltung der Einkünfte in den päpstlichen Staaten zu beherrschen.

Chigis Hauptanliegen war auch weiterhin die uneingeschränkte
Kontrolle über seine größte Einkommensquelle: die Ausbeutung
der Tolfa-Minen. Selbstverständlich war er darüber hinaus noch in
viele andere Geschäfte involviert, wofür ihm seine Einkünfte aus
den Minen einen mehr als ausreichenden Spielraum gewährten. Er
war Teilhaber von Unternehmen, die mit Seide und Tuch handel-

ten; zuweilen agierte er als Kaufmann für Weizen; er schoß den *condottieri* Geld vor und vergab umfangreiche Darlehen an die Großen und Mächtigen: an den Papst, die Mitglieder der Medici Familie und an die Kardinäle.[56] Am meisten Aufsehen erregte ein Darlehen über 50 000 Dukaten, das Chigi zu Zeiten Leos X. an Kardinal Riario vergab, um ihn aus der Gefängnishaft zu befreien. Dieser war als Mitglied einer Verschwörung inhaftiert worden, die dem Papst nach dem Leben trachtete.[57] Die Grundlage für alle finanziellen Transaktionen Chigis sowie für seine vielen geschäftlichen Unternehmungen bildeten die Tolfa-Minen. In deren Führung zeigte sich der finanzielle Genius Chigis, denn er war der erste, der alle Möglichkeiten dieses Unternehmens – also die Monopolstellung, welche die Minen auf Weisung der Päpste im christlichen Europa erhielten – auszuschöpfen verstand.[58]

Chigi unterteilte Europa in einzelne Regionen, in denen er entweder Agenten einsetzte, die in seinem Auftrag Alaun verkauften, oder aber er schloß Verträge mit im Ausland lebenden Kaufleuten, die berechtigt waren, Alaun in einem genau festgelegten Gebiet zu verkaufen, und die den daraus gezogenen Gewinn mit ihm teilen mußten. Beispielsweise hatte er einen Vertrag mit dem Sizilianer Girolamo Boninsegni über die Lieferung und den Verkauf von 8 000 Cantari Alaun auf Sizilien und in Spanien. Chigi garantierte, daß in den beiden Jahren nach Abschluß des Vertrags kein anderes Alaun in die Region kommen würde. Darüber hinaus versuchte er, Kosten einzusparen und seine Position durch weitgehende Unabhängigkeit von fremden Schiffen zu stärken. Als Kompensation für ein Darlehen über 8 000 Dukaten pachtete er von der Sieneser Regierung 1507 für die Dauer von fünfzig Jahren die kleine, im Süden der Toskana gelegene Stadt Porto Ercole und ihre Burg.[59] Eingeschränkt wurde seine Souveränität über Porto Ercole lediglich durch die Verpflichtung, Siena im Kriegsfall zu unterstützen und Weizen ausschließlich aus der Region Siena zu importieren. Sollte Porto Ercole nach Ablauf der fünfzig Jahre wieder an Siena zurückgehen, so mußte die Stadt das gesamte Darlehen zurückzahlen. Mit diesem Pachtvertrag, der ihm mehr Ärger einbrachte, als er geahnt hatte – in Briefen spricht er von »diesem verdammten

Porto Ercole«[60] —, verfolgte Chigi zwei Ziele: Fortan konnte er das Alaun in seinen eigenen Magazinen lagern, und er verfügte zudem über einen Hafen für seine Schiffe. Zwar konnte er nie ganz auf die Dienste fremder, insbesondere Genueser und venezianischer Schiffe verzichten, doch erschienen seine eigenen Schiffe ab 1509 auf der Liste der Alauntransporteure.[61]

Chigis Pläne, das Alaunmonopol so effektiv wie nur möglich zu nutzen, stießen auf ernst zu nehmende Widerstände. Gewöhnlich provoziert die monopolistische Verfügungsgewalt einer Einzelperson oder einer Gruppe über einen unverzichtbaren Rohstoff die Suche nach anderen Vorkommen desselben Stoffes, und nicht selten ist diese Suche auch erfolgreich. Ganz gewiß geschah dies auch im Falle des Alauns. In Agnano, nahe der Stadt Neapel, sowie in der Nähe der spanischen Stadt Cartagena und in Frankreich entdeckte man Alaunvorkommen. Es gelang Chigi, mit den Minen von Agnano, die dem Dichter Jacopo Sannazaro gehörten, eine Übereinkunft zu treffen, derzufolge die jährliche Produktion beschränkt blieb und ausschließlich an ihn verkauft werden durfte. Zwar waren seine Bemühungen, auch die Vorkommen bei Cartagena unter Kontrolle zu bekommen, weniger erfolgreich, doch wurden nur geringe Mengen dieses Alauns exportiert, und es stellte keine wirkliche Konkurrenz auf dem europäischen Markt dar. Der französische König war nicht gewillt, das Monopol der Tolfa-Minen hinzunehmen und verhängte 1507 hohe Zölle auf den Import von Alaun. Da die eigenen französischen Minen jedoch nicht sonderlich produktiv waren, mußten die strengen Einfuhrbestimmungen bald wieder gelockert werden; auch das französische Alaun konnte die Stellung der Tolfa-Minen nicht ernsthaft gefährden.[62]

Auch wenn Chigi die Alaunförderung in anderen Regionen des christlichen Europa aus prinzipiellen Gründen bekämpfte, war die Konkurrenz der französischen und spanischen Minen weitgehend zu vernachlässigen. Alaun war ein wichtiger Rohstoff und wurde in großen Mengen bei der Glas- und Stoffherstellung gebraucht. Aus diesem Grunde waren die Hauptabsatzmärkte für Chigi in Nordeuropa und in Italien. Im Norden waren vor allem die Niederlande und England wichtig; in Italien selbst kam Venedig die größte Bedeutung zu. Die Stadt brauchte den Rohstoff auch, weil sie Ausgangspunkt für Alauntransporte in die textilproduzierenden freien Städte Süddeutschlands war. Deren wirtschaftliches Wohlergehen hing wesentlich von der regelmäßigen Versorgung mit Alaun zu erschwinglichen Preisen ab. Aus diesem Grund kam die wahre Bedrohung des Tolfa-Monopols von den Alaunminen in Kleinasien, die nun in türkischer Hand waren. Ohnehin war man in den Niederlanden und in England geneigt, materielle Interessen über religiöse Skrupel zu stellen. Diese Haltung wurde durch Chigis rücksichtslose Ausbeutung seines Monopols eher noch gefördert. Seine Politik bestand darin, die Liefermengen gering und die Preise hoch zu halten.

In England hielt man den von Chigi verlangten Preis für derart unverschämt, daß ein königliches Schiff die Order bekam, türkisches Alaun nach England zu transportieren. Diese offene Revolte gegen das päpstliche Monopol führte schließlich zu einem Kompromiß: Der englische König versprach, die Einfuhr türkischen Alauns nach England für fünf Jahre zu untersagen und erwartete von Chigis Vertretern die Lieferung von 5 000 Cantari jährlich. Kein anderes Alaun durfte auf dem englischen Markt verkauft werden, und die Importzölle wurden reduziert. Chigi seinerseits mußte einwilligen, daß der Preis für sein Alaun herabgesetzt wurde. Ferner mußte er sich verpflichten, das Geld aus dem Alaungeschäft wieder in englische Güter, vor allem in Tuch, zu investieren. Auch mußte das Alaun entweder auf königlichen oder auf vom König bestimmten Schiffen transportiert werden. Für diesen Dienst wurde eine Summe von 1 000 »Mark« jährlich erhoben. Schließlich mußten Chigi und seine Verbündeten den Papst um die Aufhebung der Exkommunikation jener bitten, die das türkische Alaun nach England gebracht hatten.[63]

Zur selben Zeit wurde auch ein Konflikt mit den Kaufleuten und der Regierung der Niederlande ausgetragen. Die Tuchhändler aus Brügge und Gent beklagten sich, Chigi verlange nun das Vier- bis Fünffache des alten Preises und beliefere Flandern nicht mit der erforderlichen Alaunmenge. Als Gegenmaßnahme beschloß die Regierung den Import türkischen Alauns; ein Florentiner Unternehmen, Frescobaldi und Gualterotti, besorgte den Transport türkischen Alauns von England nach Flandern. Unmittelbar darauf fiel der Alaunpreis. Als Rom die Verletzung des päpstlichen Monopols anmahnte, reagierte die Regierung der Niederlande sehr scharf, indem sie die gesamte Menge des in den Niederlanden gelagerten Alauns, dessen Schätzwert 80 000 Dukaten betrug, konfiszierte. Auch in diesem Fall konnte nach Eingreifen von Maximilian als zuständigem Suzerän dieses Gebiets im Jahr 1508 ein Kompromiß erzielt werden. Für zwei Jahre sollte das päpstliche Monopol respektiert werden, doch mußte der Alaunpreis auf die Hälfte dessen reduziert werden, was Chigi bei Ausbruch des Konflikts verlangt hatte.[64]

Der Import von Alaun aus Kleinasien nach England oder in die Niederlande stieß wegen des langen Seewegs auf gewisse Schwierigkeiten; es war wesentlich einfacher, türkisches Alaun nach Venedig zu verschiffen. Venedig war nicht nur eine außerordentlich reiche Stadt, sondern zugleich ein günstiger Ausgangspunkt für den Transport in die textilproduzierenden Städte Süddeutschlands. Ohne die Einbeziehung Venedigs war daher jeder Versuch, das geplante Monopol der Tolfa-Minen Wirklichkeit werden zu lassen, zum Scheitern verurteilt. In den Jahren vor dem Krieg der Liga von Cambrai schickte Rom eine Protestnote nach der anderen an Venedig und beschwerte sich über die Tatsache, daß türkisches Alaun auf dem venezianischen Markt gehandelt wurde – doch es half nichts.

Daß Chigi immer wieder in Streitereien mit europäischen Regierungen geriet, zeigt, daß er die im päpstlichen Alaunmonopol angelegten Möglichkeiten entschiedener und rücksichtsloser auszunutzen gewillt war, als irgend ein Steuerpächter vor ihm. Chigi war nicht der erste Pächter der Tolfa-Vorkommen, doch er war wesentlich erfolgreicher als alle seine Vorgänger, weil er mit erstaunlicher – man möchte fast sagen moderner – Erfindungsgabe die Umstrukturierung der Arbeit in den Minen und den Verkauf des Alauns betrieb. Dennoch hätte er ohne die zuverlässige Unterstützung von Papst Julius II. alle die Probleme, die sich ihm in den Weg stellten, nicht meistern können.

Nicht Chigi, sondern der Papst selbst war es, der alle diese Mahnungen und Proteste gegen die Verletzung des Alaunmonopols erließ. Im Falle Venedigs wurde im November 1504 ein Sondergesandter des Papstes, Baptista Mauro, mit Briefen zum päpstlichen Nuntius, dem Dogen Loredan, und zum venezianischen Patriarchen geschickt.[65] Der Inhalt dieser Schreiben, die die Verletzung des Alaunmonopols anmahnten, war fast immer derselbe. Das Argument lautete, daß die Einkünfte der Tolfa-Minen für die Finanzierung der Kreuzzüge und zur Unterstützung der unter türkischer Herrschaft nach Italien geflohenen Christen bestimmt seien. Alle, die türkisches Alaun kauften, verkauften, verbrauchten oder transportierten, würden verdammt und exkommuniziert; ferner würden dieses Alaun sowie die zu seinem Transport eingesetzten Schiffe beschlagnahmt. Da jedoch sämtliche Drohungen keine Wirkung zeigten, wurden sie im Februar 1505 erneuert. Im darauffolgenden September ergingen ähnliche Protestschreiben an Venedig, nachdem Rom die Nachricht bekommen hatte, daß Alvise Giustiniani und einige andere »Teufelssöhne« (*perditionis filii*) türkisches Alaun nach Venedig gebracht hatten.

Etwa um diese Zeit, also im Herbst 1505, intervenierte der Papst auch gegen die Abnahme türkischen Alauns durch England.[66] Julius II. wandte sich zunächst an König Heinrich VII. und forderte ihn auf, den Verkauf türkischen Alauns in seinem Reich zu untersagen. Zugleich schrieb er direkt an den Kapitän des königlichen Schiffes, er dürfe nicht nach Kleinasien segeln, sondern solle sein Alaun in Civitavecchia bei Chigi einkaufen; der Kapitän jedoch ignorierte den Befehl des Papstes und kehrte mit einer Ladung türkischen Alauns nach England zurück. Julius reagierte hierauf, indem er in mehreren Schreiben an Heinrich VII. und selbst an die Mutter des Königs appellierte, den Verkauf türkischen Alauns in England zu unterbinden, und verlangte, es zu zerstören. In seinen Briefen verwies er hierbei nicht nur auf die jüngsten päpstlichen Dekrete hinsichtlich des Tolfa-Monopols, sondern auch auf die früheren Erlasse von Innozenz III. und dem Vierten Laterankonzil von 1215, das den Handel mit Heiden ausdrücklich untersagt hatte. Dennoch schickten die Florentiner Unternehmen von Frescobaldi und Gualterotti auch weiterhin türkisches Alaun nach England, woraufhin der Papst im Mai 1506 einen Sondernuntius, Petrus Grifus, nach England schickte, um die »Alaunangelegenheit« mit dem König zu erörtern. Petrus Grifus wurde instruiert, in jedem Land, durch das er reiste – Italien, Frankreich, Spanien, Portugal und Flandern –, zu verkünden, daß alle Käufer oder Verkäufer türkischen Alauns exkommuniziert würden; zudem sollte er alle Erzbischöfe und Kleriker dazu anhalten, in ihren Kirchen die Strafen für die Mißachtung des päpstlichen Erlasses bekanntzugeben. Der Papst verlieh dieser Sondermission weiteren Rückhalt, indem er seinen Steuereintreiber in England, Polydore Virgil, beauftragte, Grifus den Weg zu ebnen. Interessant in diesem Zusammenhang ist, daß Petrus Grifus nicht nur päpstlicher Nuntius, sondern auch ein Repräsentant des Hauses Chigi war. Seine Mission blieb indessen erfolglos, und er wurde zurückgerufen.

Nun ging Chigis Partner, Francesco Tommasi, selbst nach England und setzte schließlich die oben beschriebene Vereinbarung durch. Besonders das Florentiner Unternehmen Frescobaldi und Gualterotti hatte im Zusammenhang mit dem Schriftwechsel zwischen dem Papst und dem englischen König den Zorn Julius' auf sich gezogen. Das Vergehen der Kaufleute bestand nicht nur darin, türkisches Alaun an England verkauft zu haben; vielmehr war ein Großteil des Alauns von dort aus an die Niederlande, den wichtigsten Markt in Nordeuropa, weiterverkauft worden. England und Frankreich zusammen verbrauchten nur halb so viel Alaun wie die Niederlande.[67] Besonders scharf war die römische Reaktion ausgefallen, als Chigis Preiserhöhungen den Import türkischen Alauns in die Niederlande nach sich gezogen hatten. In einer Enzyklika vom 17. Juni 1506 bestätigte Julius II. feierlich die von Paul II. 1465 erlassene Bulle zur Errichtung des päpstlichen Alaunmonopols.[68] Julius' Enzyklika richtete sich an die Erzbischöfe und Bischöfe in Italien, Frankreich, Spanien, Portugal und Deutschland und sogar an die Äbte der wichtigsten Orden. Die Bedeutung der Enzyklika wurde ferner unterstrichen durch die Tatsache, daß sie gedruckt worden war und daß der päpstliche Gesandte den in

Brügge wohnhaften Importeuren türkischen Alauns persönlich ein Exemplar aushändigte. Daß die Verhandlungen zu einer Übereinkunft führten, die, wie gezeigt wurde, für die Kaufleute relativ günstig ausfiel, ist ein Beleg für deren starke Position in den Niederlanden und für die eminente Bedeutung, die diesem Markt im Alaunhandel zukam.

Zwar hatten auch frühere Päpste Erlasse herausgegeben, welche die Beachtung des Tolfa-Monopols verlangten, doch war dieser Anspruch nie mit solcher Schärfe und Unnachgiebigkeit wie unter Julius II. erhoben worden. Man könnte einwenden, daß der Ausgang der Sache in keinem Verhältnis zu den unternommenen Anstrengungen stand. Die Abkommen mit England und Frankreich waren zeitlich begrenzt und verlangten Konzessionen hinsichtlich der Menge und des Preises. Doch kann man den Vorgang auch anders betrachten. Wir dürfen nicht vergessen, daß auch Chigis Pachtvertrag für die Tolfa-Minen zeitlich begrenzt war. Gewiß war Chigi an der Erzielung von Profiten in naher Zukunft mehr gelegen als an einer langfristigen Regelung, die ihm, selbst für den Fall, daß sie durchsetzbar war, keinen Nutzen einbrachte. Andererseits wurde das päpstliche Alaunmonopol von zwei wichtigen Regierungen offiziell anerkannt, wodurch die Rechtsposition des Papstes im Hinblick auf künftige Schwierigkeiten und Auseinandersetzungen sicherlich gestärkt wurde. Implizit war damit auch die Anerkennung der Position der Päpste als Anführer der Res Publica Christiana im Kampf gegen Bedrohungen vom Ausland verbunden. Zweifellos wußten Chigi und Julius II. sehr wohl, daß durch ihre Zusammenarbeit in dieser Sache beiderseitigen Interessen gedient war; jeder Schritt war genau zwischen ihnen abgestimmt worden.[69]

Es gibt noch weitere Hinweise auf die engen Beziehungen zwischen Julius II. und Agostino Chigi in diesen Jahren. Chigi erhielt Vergünstigungen und Ehrenbezeugungen, die ein deutliches Zeichen des päpstlichen Vertrauens waren. Als Grabstätte für seine Familie erhielt er eine Kapelle in der Kirche Santa Maria del Popolo, in der auch zahlreiche Mitglieder der Familie Rovere beigesetzt waren. Auf Chigis Anfrage hin erließ Julius am 3. Dezember

1507 eine Bulle, die anordnete, daß die Kapelle künftig anderen Heiligen gewidmet wurde. Bevor Chigi sie erhalten hatte, wurden dort die Heiligen Sigismund, Sebastian und Rochus verehrt. Chigi ließ wissen, daß er eine besondere Verehrung für die Madonna von Loreto und selbstverständlich für seinen Namenspatron, den heiligen Augustinus, hege. Also wurde die Kapelle nun diesen beiden sowie dem heiligen Sebastian gewidmet.[70] Auf diese Bezeugung päpstlicher Gunst folgte 1509 eine Bulle, die Agostino Chigi sowie seine Brüder und sämtliche Nachkommen zu Mitgliedern der Familie Rovere machte und ihnen das noch heute von den Nachkommen gebrauchte Recht verlieh, sich »Chigi della Rovere« zu nennen.[71]

Es war der von ihm in Rom erreichten Stellung durchaus angemessen, daß Chigi sich nicht länger damit begnügen wollte, über seinen Arbeitsräumen in derselben Straße zu wohnen, in der die meisten Bankiers ihre Häuser und Arbeitsräume hatten. Er beauftragte die bekanntesten Architekten und Maler seiner Zeit mit dem Bau und der Dekoration einer Villa in den Weingärten auf der gegenüberliegenden Seite des Tiber.[72] Als Chigi 1511 Venedig besuchte, war der Bau fast abgeschlossen; die Beziehungen zwischen Papst und Bankier standen zu dieser Zeit so, daß der Papst nach seiner Rückkehr – noch während Chigis Abwesenheit – den dringenden Wunsch hatte, das Gebäude in Augenschein zu nehmen und die gemachten Fortschritte zu inspizieren.

*

Das Vorgehen Julius' II. bei der Verteidigung des päpstlichen Alaunmonopols entsprach dem allgemeinen Programm seiner Politik, deren erklärtes Ziel es war, das Papsttum wieder in den Besitz aller ihm zukommenden Rechte einzusetzen. Schon häufig wurde festgestellt, daß dies sein Ehrgeiz war und man ist sich auch darüber einig, daß ihm, trotz aller Mängel seines Charakters und den fragwürdigen Methoden seiner Politik, ein Platz unter den großen Gestalten auf dem päpstlichen Thron zukommt. Was indessen häufig übersehen wurde, ist die Tatsache, daß Julius seine Aufmerksamkeit auch ökonomischen Dingen widmete und auf die

Durchsetzung der päpstlichen Rechte auch in diesem Bereich größten Wert legte. Sein Bemühen um die Aufrechterhaltung des Alaunmonopols ist hier nur ein Beispiel unter vielen. Nicht selten waren auch in der Außenpolitik ökonomische Überlegungen das Motiv seines Vorgehens.

In den ersten Jahren des Krieges der Liga von Cambrai zeigte sich bei den Friedensverhandlungen mit Venedig und in dem Konflikt, der schließlich zum Krieg gegen den Herzog von Ferrara führte, die Bedeutung wirtschaftlicher Überlegungen in Julius' Politik. Als im Juli 1509 nach langen und demütigenden Verzögerungen, die sich ergaben, weil der Papst sich geweigert hatte, die um Frieden und Absolution bittenden venezianischen Botschafter zu empfangen, die Verhandlungen endlich in Gang kamen, wurde bekannt, daß der Papst die Bedingung stellte, allen Bewohnern der päpstlichen Staaten müsse im »Golf«, also im adriatischen Meer, freie Schiffahrt gewährt werden.[73] Ende August konnten die noch immer exkommunizierten und nicht zum Papst vorgelassenen venezianischen Botschafter Kardinal Grimani – Antonios Sohn – dafür gewinnen, das Anliegen Venedigs dem Papst vorzutragen. Der war jedoch keineswegs gewillt, in seinen Forderungen nachzugeben. Im Gegenteil, was den Golf betraf, stellte er jetzt sogar noch weitere Bedingungen und verlangte, daß die Adria für alle christlichen Nationen offen sein müsse.[74] Zwei Monate später informierte der Papst in einem Gespräch mit seinem alten Freund, dem venezianischen Diplomaten Francesco Corner, der auf seiner Rückreise aus Spanien in Rom Halt machte, die Venezianer offiziell von seiner Forderung nach einem *mare liberum* in der gesamten Adria. Dies traf die venezianische Regierung und deren Botschafter wie ein Schock.[75] Sie waren überzeugt, daß die Alleinherrschaft über die Adria eine der Hauptsäulen für die Macht und den Reichtum Venedigs war.

Bei genauerer Betrachtung ist mit »Golf« eigentlich nur der nördliche Teil der Adria, also oberhalb der Linie Ancona-Zara, gemeint. Kriegsschiffe, die nicht einer venezianischen Macht angehörten, hatten keinen Zugang zu diesen Gewässern, und Frachtschiffe wurden gezwungen, in Venedig Station zu machen und dort Zölle und Abgaben zu bezahlen, bevor die Güter ihren eigentlichen Bestimmungsort erreichen konnten. Venezianische Schiffe waren an den Flußmündungen zur Adria stationiert, und durch häufige Kontrollen der größeren Hafenstädte wurde die Wahrung der venezianischen Interessen sichergestellt. Die Stärke der venezianischen Flotte, die Unmöglichkeit, die fruchtbareren Gebiete nördlich der Linie Ancona-Zara zu erreichen, und die Dichte der venezianischen Gebiete entlang der gesamten östlichen Adria-Küste bewirkten, daß nicht nur der Golf, sondern praktisch die gesamte Adria ein venezianisches Meer war.[76] Verzweifelt versuchten die venezianischen Botschafter in Rom und die venezianischen Kardinäle an der Kurie – Grimani und Corner –, den Papst von seiner Forderung abzubringen. Sie argumentierten, daß die venezianische Kontrolle über die Adria von allgemeinem Interesse sei, da durch sie Piraten und Türken von Italien ferngehalten würden. Sie beriefen sich auf die Privilegien, die Papst Alexander III. während seiner Auseinandersetzung mit Friedrich Barbarossa Venedig im Gegenzug für dessen Hilfe eingeräumt hatte. Alexander III. hatte Venedig die Rechtssprechung über den Golf erteilt; alljährlich gedachte die Stadt am Himmelfahrtstag dieses Ereignisses mit einer sowohl religiösen als auch weltlichen Feier. Der Patriarch persönlich bekräftigte Venedigs Hochzeit mit dem Meer, indem er einen Ring in das Wasser warf und dazu die Worte sprach: »*In signum suoi perpetuique dominii.*« Als weiterer Beweis für die Rechtmäßigkeit der venezianischen Ansprüche auf den Golf konnten die Diplomaten anführen, daß laut Biondo, den sie als einen äußerst verläßlichen Historiker bezeichneten, das Konzil von Lyon 1264 Venedigs Abkommen mit Ancona gebilligt habe; damit wären zugleich auch Venedigs Ansprüche auf die Kontrolle über den Golf anerkannt worden.[77]

Doch der Papst blieb noch immer stur. Die sechs Galeeren, die er zu Jahresbeginn in Ancona in Auftrag gegeben hatte und die nun kurz vor ihrer Vollendung standen, waren von größerem Wert als die venezianischen Schiffe.[78] Mit großer Entschiedenheit bestritt Julius, daß frühere Päpste sich jemals auf Abmachungen hätten einlassen können, die es ihren eigenen Untergebenen unmöglich machten, auf der Adria zu segeln. Schließlich aber machte Julius II. doch ein Zugeständnis und nahm von seiner ursprünglichen Forderung nach uneingeschränkter Schiffahrt im Golf Abstand. Stattdessen sollte der Durchgang nur Bürgern der päpstlichen Staaten und Schiffen, die unter päpstlicher Flagge segelten, gewährt werden.[79]

Warum wollte der Papst unbedingt eine Klausel zugunsten freien Schiffsverkehrs in der Adria in den Friedensvertrag mit aufnehmen? Aus gutem Grund waren die Venezianer ob dieser Forderung überrascht. Als der Papst zu Kriegsbeginn eine Verordnung erlassen hatte, in welcher er sein Vorgehen gegen Venedig erläuterte,[80] hatte er mehrere Beschwerden aufgelistet: Venedigs Okkupation von Teilen der päpstlichen Staaten; die Erhebung von Steuerforderungen an den venezianischen Klerus; der Brauch, die Bistümer in den Gebieten unter venezianischer Kontrolle zu besetzen — nicht erwähnt aber wurde die Frage des *mare liberum* im adriatischen Meer. Warum erhob der Papst diese Forderung gerade jetzt?[81] Die venezianischen Diplomaten vermuteten, daß die treibende Kraft hinter dieser Bedingung Kardinal Soderini, Bruder des Florentiners Gonfaloniere, war; schließlich hatten die Florentiner größtes Interesse an der Verkürzung ihrer Handelsroute nach Osten, sprich auf dem direkten Weg über die Adria.[82] Die Tatsache aber, daß der Papst sich schließlich damit zufriedengab, freies Geleit für seine eigenen Schiffe zu erlangen, deutet eher darauf hin, daß die venezianischen Spekulationen über Soderinis Einfluß nicht gerechtfertigt waren. Womöglich versuchten auch die Bewohner Anconas, die Aufhebung der von Venedig verhängten Handelsbeschränkungen durchzusetzen.[83] Derlei lokale Interessen spielten in den Überlegungen des Papstes aber gewiß eine untergeordnete Rolle.

Bembos Berichten zufolge war Julius II. ein großer Liebhaber von Seefahrten.[84] Die Verstärkung der Verteidigungsanlagen des Hafens von Civitavecchia war ihm ein wichtiges Anliegen; auf sein Betreiben kamen auch die Anfänge einer Flotte in Ancona zustande. Chigi baute, wie bereits ausgeführt, seine eigenen Schiffe in Porto Ercole. All dies läßt den Schluß zu, daß der Papst — genau wie Chigi – sich aus der Abhängigkeit von genuesischen und venezianischen Schiffen befreien wollte. Darüber hinaus eröffnete die freie Schiffahrt im Golf die Möglichkeit, Alaun direkt in Regionen zu liefern, die dem deutschen König unterstanden. Sicherlich waren wirtschaftliche Unabhängigkeit und Souveränität Teil der Vision des Papstes von einer wiedererstarkten Kirchenmacht. Die Vorstellung, daß Chigi bei der Umsetzung dieser Vision eine Rolle gespielt hat, ist naheliegend.

Dies ist weniger spekulativ, als es vielleicht den Anschein haben mag, da wirtschaftliche Fragen auch Teil des Konflikts zwischen dem Papst und Ferrara waren. Diese Auseinandersetzung folgte fast unmittelbar auf den Kompromiß, den der Papst Venedig aufgezwungen hatte. In diesem Fall besteht kein Zweifel, daß Chigi seine Finger im Spiel hatte. Eine der Städte, die Venedig nach dem Fall von Cesare Borgia an den Papst zurückgeben mußte, war Cervia, deren Umland zugleich eines der bedeutendsten Gebiete für die italienische Salzproduktion war. Ganz in der Nähe befand sich noch ein weiteres Salzvorkommen, Comacchio, das unter der Herrschaft des Herzogs von Ferrara stand. Solange Cervia noch zu Venedig gehört hatte, regelte ein Abkommen mit Ferrara, daß kein Salz in Comacchio produziert wurde. Nachdem die Stadt aber an den Papst übergegangen war, plante der Herzog von Ferrara, die Vorkommen zu nutzen. Er mußte jedoch fürchten, daß der Papst als Oberherr Ferraras dies zu verhindern suchte. Während der Friedensverhandlungen mit Venedig versicherte daher der Herzog, Alfonso d'Este, er habe Comacchio als Lehnsgut von einem Kaiser und nicht vom Papst erhalten.[85] Julius war sichtlich erzürnt und verlangte von den venezianischen Botschaftern Informationen über die zwischen Ferrara und Venedig bestehenden Abkommen.[86] Herzog Alfonso mißachtete die päpstliche Forderung nach Einstellung der Salzproduktion in Comacchio und verständigte sich statt dessen mit Frankreich darauf, Mailand und die französisch besetzten Gebiete in Norditalien mit Salz aus Comacchio zu beliefern.

Die Auseinandersetzung über das Salz war bestimmt nicht der einzige Grund für den Bruch zwischen dem Papst und dem Herzog von Ferrara. Julius war wütend, weil Ferrara ihm bei seinem Plan, die Franzosen aus Italien zu verdrängen, Hindernisse in den Weg legte. Nicht nur weigerte sich der Herzog, die Allianz mit Frankreich aufzukündigen; er ging auch militärisch gegen die Venezianer vor, die neuerdings mit dem Papst gegen Frankreich verbündet waren.[87] Das Salzmonopol von Cervia spielte aber eine wichtige Rolle bei der Zuspitzung des Konflikts, und das Comacchio-Abkommen war einer der Hauptanklagepunkte in der päpstlichen Bulle, die Alfonso d'Este exkommunizierte.[88] Die Bulle konstatierte, daß der Herzog seine Arbeit »unter Mißachtung des päpstlichen Dekrets und zum großen Schaden der römischen Kirche« durchgeführt habe. Der Herzog sei so unverschämt gewesen, die Rechte der Kirche zu leugnen und sie noch weiter zu schädigen, indem er die Zölle auf den Import von Salz in das Herzogtum erhöht und sich verpflichtet habe, Mailand mit Salz zu versorgen. Ferner habe er die väterlichen Ermahnungen des Papstes, keinem illegalen Erwerb nachzugehen und auf sein Gewissen zu hören, mißachtet. Sein Verhalten in dieser Angelegenheit sei das eines undankbaren Sohnes, der rücksichtslos seiner Neigung zu Verrat und Rebellion fröne.

Warum maß Julius II. dieser Angelegenheit soviel Gewicht bei? Der Papst betrachtete Ferrara als einen gefährlichen französischen Vorposten im Herzen Italiens und war peinlich darum bemüht, möglichst viele Anklagepunkte gegen den Herzog zu finden. Die Art und Weise, wie die Aufmerksamkeit des Papstes auf die Rivalität zwischen Cervia und Comacchio gelenkt wurde, ist durch zeitgenössische Zeugnisse belegt.[89] »Im folgenden werden die Kriegsursachen geschildert«, schrieb Luigi da Porto 1511 an Antonio Savorgnano. »Alfonso d'Este, der Herzog von Ferrara, beschloß, die Salzproduktion in Comacchio zu erhöhen, und der Papst tat dasselbe oder produzierte zumindest eine beträchtliche Menge in Cervia. Ihm wurde bekannt, daß der Herzog mit dem französischen König übereingekommen war, die Lombardei mit Salz zu beliefern und zwar zu einem erheblich günstigeren Preis als in der Vergangenheit. Als Agostino Chigi, der reichste Kaufmann in Italien, der nicht nur die Alaun-, sondern auch die Salzminen der päpstlichen Staaten gepachtet hatte,[90] davon hörte, legte er beim Papst Beschwerde ein. Er erklärte ihm, daß der Kirche aus einer solchen Abmachung große Nachteile entstünden, da die Salzminen nicht mehr den derzeitigen Preis einbringen könnten, wenn der Verkauf des Salzes aus Cervia in der Lombardei gestoppt werde. Ferner würden, wenn der Herzog sein Salz zu jedem beliebigen Preis und an jedem beliebigen Ort verkaufen könnte, viele Menschen in der Toskana und in der Romagna ihr Salz billiger aus Comacchio kaufen.« Nachdem sich die Franzosen zwei Jahre später aus Italien zurückgezogen hatten, begab sich der Herzog von Ferrara nach Rom, um den Papst um Frieden und Vergebung zu bitten. Als Regenten in Ferrara setzte er seinen Bruder, Kardinal Ippolito d'Este, ein. Um dem Herzog einen wohlwollenden Empfang am päpstlichen Hof zu sichern, befahl Ippolito die Zerstörung der Salzminen von Comacchio.[91]

Dies zeigt, daß ökonomische Interessen in der Außenpolitik Julius' II. eine gewichtige Rolle spielten und daß er sich in diesen Fragen sorgfältig mit Chigi abstimmte. Gehen wir daher noch einmal zu den Ereignissen zurück, die am Beginn dieses Buches beschrieben wurden: Chigis Verhandlungen in Venedig in der ersten Hälfte des Jahres 1511. Chronologisch gesehen, folgten diese unmittelbar auf die eben dargelegten Geschehnisse, nämlich die Kontroversen über den Alaunverkauf an die Niederlande, die päpstliche Forderung, die Adria in ein *mare liberum* zu verwandeln sowie sein Beharren auf dem Salzmonopol von Cervia. Selbstverständlich hatte der unmittelbare Grund für Chigis Reise nach Venedig mit persönlichen Geschäftsinteressen zu tun. Er hoffte auf die Rückzahlung einer Schuld und war bemüht, einige betrügerische Vorkommnisse in seiner venezianischen Agentur aufzuklären.[92] Aufgrund der engen Beziehungen zwischen Julius II. und Chigi – und womöglich sogar noch mehr wegen der politischen Situation zu dieser Zeit – scheint Chigis Reise dennoch von politischen Überlegungen inspiriert worden zu sein und in engem Zusammenhang mit der Politik des Papstes zu stehen.

Diese Antwort auf die zentrale Frage nach dem Motiv drängt sich uns geradezu auf angesichts eines Umstandes, der von früheren Autoren gänzlich übersehen wurde: Bevor Chigi nach Venedig ging, hielt er sich in Bologna auf. Dies ist deshalb bedeutsam, weil sich zur selben Zeit auch Julius II. in der Stadt befand. Im August 1510 hatte der Papst Rom in Richtung Bologna verlassen, um die militärischen Operationen gegen den Herzog von Ferrara und dessen französische Verbündete zu überwachen und zu beschleunigen. Aus Briefen an seinen Bruder Sigismondo[93] läßt sich ersehen, daß Chigi dem Papst nach Bologna gefolgt war. Dort wohnte er zeitweilig in der päpstlichen Suite. Es ist kaum vorstellbar, daß Chigis Reise nach Venedig ohne vorherige Beratungen mit dem Papst erfolgte.

Als der Papst 1509 in Friedensverhandlungen mit Venedig eintrat, war er, wie oben ausgeführt, durch die Verstärkung der französischen Streitkräfte in Norditalien alarmiert. Unter diesen Umständen war er gewillt, mit Venedig Frieden zu schließen, weil er sich im Falle eines Krieges gegen Frankreich der Unterstützung Venedigs sicher sein wollte.[94] Zugleich wußte Julius II., daß der sicherste Weg, den Aufstieg der französischen Macht zu verhindern, darin bestand, den deutschen König Maximilian von seiner Allianz mit Frankreich abzubringen und ihn zu einem Bündnis gegen Frankreich zu bewegen.[95] Die Überlegungen gingen dahin, daß Maximilian ja vielleicht geneigt wäre, die Fronten zu wechseln, wenn er die Städte auf dem Festland zurückerhielt, die vor dem Krieg von Venedig beherrscht worden waren, die er jedoch als Teile Österreichs und des deutschen Reichs betrachtete. Da Maximilian fortwährend in finanziellen Nöten war, konnte er womöglich auch durch eine entsprechend hohe Summe zu einem solchen Schritt bewegt werden. In den Augen des Papstes hatte eine Einigung mit Venedig nicht nur den Vorteil, einen Verbündeten gegen Frankreich zu gewinnen, sondern daß er selbst als Vermittler zwischen Venedig und Maximilian auftreten konnte. Er könnte Venedig von der Notwendigkeit bestimmter Zugeständnisse an Maximilian überzeugen: Damit waren territoriale oder finanzielle Konzessionen oder eine Mischung aus beiden gemeint; anders ausgedrückt: Es ging darum, Maximilian einige Städte auf dem Festland abzutreten und für die unter venezianischer Herrschaft verbleibenden Städte Tribut zu bezahlen.

Zwar wurde im Februar 1510 Frieden zwischen dem Papst und Venedig geschlossen, doch ließen die im Frühjahr und Sommer anhaltenden militärischen Operationen wenig Spielraum für weitere diplomatische Manöver. In den letzten Monaten des Jahres 1510 und zu Beginn des darauffolgenden Jahres schien die Situation für einen neuen diplomatischen Vorstoß stabil genug; der Papst fühlte sich ermutigt, einen weiteren Versuch zu unternehmen, Venedig und Maximilian zusammenzubringen. Julius II., der mehrmals die mangelnde Entschlossenheit der venezianischen Kriegsführung bemängelt hatte, wußte von den finanziellen Schwierigkeiten, in denen die venezianische Regierung steckte; unter Umständen mußte er sogar fürchten, daß sich die Venezianer aus Verzweiflung dem französischen König in die Arme werfen könnten.[96] Daher war es ein erstrebenswertes Ziel, sie von ihrer Last zu befreien und neuen Schwung in die Vorbereitung des Sommerfeldzugs des Jahres 1511 zu bringen.

Andererseits waren nach dem ungünstigen Ausgang des Feldzugs im Sommer des Vorjahres die Chancen für einen neuen Versuch in derselben politischen Konstellation nicht sonderlich ermutigend. Daher war die venezianische Regierung vielleicht jetzt gewillt, Maximilian jene Zugeständnisse zu machen, die diesen zur Aufkündigung der Allianz mit Frankreich bewegen konnten. Verhandlungen mit Maximilian waren bereits aufgenommen worden, und es gab einige Gründe für die Hoffnung, daß er tatsächlich die Seiten wechseln könnte. Maximilian schickte seinen Vertrauten Mathäus Lang, Bischof von Gurk, mit Friedensvorschlägen nach Italien.[97] Die finanzielle Unterstützung für Venedig konnte eine ganze Reihe von Vorteilen nach sich ziehen – unter anderem ermutigte sie Venedig zu verstärkten militärischen Anstrengungen und schwächte den Widerstand gegen Konzessionen an Maximilian.

*

Dies also war die Situation, als Chigi in Venedig eintraf. Alles spricht dafür, daß diese Überlegungen in den vorausgehenden Monaten von Julius II. und Chigi erörtert worden waren. Bekanntlich waren politische Belange nicht die einzigen Gründe für Chigis

Aufenthalt in Venedig. Er war ernstlich darüber besorgt, daß türkisches Alaun durch das Einfallstor Venedig auf dem gesamten europäischen Markt verbreitet werden konnte. Eine Allianz zwischen Venedig und dem Papst war für Chigi *die* günstige Gelegenheit, diese undichte Stelle seines Alaunmonopols zu stopfen. Seit Beginn seiner Karriere an der römischen Kurie hatte Chigi niemals vergessen, daß der Geschäftsmann vom Herrscher abhängig war. Der Papst hatte ihm jene Rechte eingeräumt, die die Grundlage seines Reichtums darstellten: die Steuerpacht der Tolfa-Minen. Ohne die päpstliche Unterstützung hätte Chigi sein Alaunmonopol in England und den Niederlanden nicht aufrechterhalten können, und diese Verhandlungen waren ihm in bester Erinnerung geblieben. Der Friedensschluß mit Venedig und die Konfrontation mit Ferrara hatten den Zusammenhang von Politik und Geschäft deutlich zutage treten lassen. Die Parallele zwischen den päpstlichen Interessen und seinen eigenen lag auf der Hand. Daher ist der Schluß zulässig, daß Chigis Reise nach Venedig von zwei Faktoren motiviert war: Politik und Geschäft.

Aus der Perspektive dieser Interpretation von Chigis Aufenthalt in Venedig wird nun auch ersichtlich, weshalb er seine Verhandlung im August 1511 schließlich doch zum Abschluß brachte. Maximilian und der Papst konnten zu Beginn des Frühjahrs 1511 zu keiner Verständigung kommen, und die militärischen Fehlschläge der päpstlichen und venezianischen Armeen im Frühjahr und zu Beginn des Sommers ließen Chigi vor einer endgültigen Übereinkunft mit Venedig zurückschrecken. Doch im Juli sah der Papst neue Chancen für die Bildung einer Allianz gegen Frankreich. Venedig, das an der Flanke der Franzosen lag und ein Vorrücken der Deutschen verhinderte, erwies sich ein weiteres Mal als wesentlicher Faktor in der Strategie des Papstes. Julius befürchtete, Venedigs Eifer bei der Rückgewinnung verlorener Gebiete auf dem Festland könnte nachlassen; die päpstlichen und die venezianischen Armeen sollten zu einer vereinten Streitkraft werden, welche »die Barbaren aus Italien vertrieb.« Für die Führung der sogenannten Heiligen Liga war die Position eines Oberbefehlshabers vorgesehen, der von Venedig und dem Papst mit je 20 000 Dukaten monatlich ausgestattet werden sollte. Wiederum konnte hier ein Darlehen an Venedig von ausschlaggebender Bedeutung sein, da es Venedigs Einwilligung zu diesen Vereinbarungen erleichterte und die erste Zahlung an den Oberbefehlshaber sicherstellte. Daher war Chigi nun geneigt, den Vertrag, der seit März verhandelt wurde, zum Abschluß zu bringen. Dazu paßte auch gut, daß bei der Unterzeichnung der Gründungsakte der Heiligen Liga am 4. Oktober 1511 Chigis Name unter den Zeugen auftauchte.[98]

V

DER SPÄTE ABSCHLUSS
DES GESCHÄFTS

In seinem Testament, das Chigi im August 1519 aufsetzte, verfügte er, daß sein Haus samt Garten und Ställen, die er auf der anderen Seite des Tiber, in Trastevere, errichtet hatte, an seine Söhne und deren männliche Nachkommen übergehen sollten unter der Bedingung, daß diese den Besitz nicht verpfändeten oder aus der Hand gaben.[1] Sollten die männlichen Nachkommen von Agostinos Söhnen aussterben, so würde das Haus in den Besitz der männlichen Nachkommen seines Bruders Sigismondo übergehen, und falls auch diese aussterben sollten, den männlichen Nachkommen seines jüngsten Bruders Francesco vermacht werden. Lediglich für den Fall, daß überhaupt keine männlichen Nachkommen der Brüder mehr lebten, sollte das Haus in den Besitz der männlichen Nachkommen seiner ältesten Tochter übergehen.

Die Absichten, die Chigi mit diesem Testament verfolgte, sind offenkundig: Chigi besaß zwar noch viele andere Häuser und Ländereien, doch sollte die Villa Suburbina, wie die Zeitgenossen sein Haus in Trastevere nannten, Sitz und Zentrum der Familie Chigi sein. Obwohl seine Vorkehrungen nur für sehr kurze Zeit wirksam waren und man sie noch im 16. Jahrhundert mißachtete – das Haus wurde an die Farnese verkauft und hieß fortan Villa Farnesina – zeigen sie doch, daß Chigi sich offenbar sicher war, seine Familie in den Rang eines großen römischen Geschlechts erhoben zu haben, und daß er im Bewußtsein der Chigis als der Begründer ihres Reichtums gelten wollte.

Schon bei Betreten der Villa bekam man einen Eindruck von seinem Stolz und seinen Hoffnungen, da man überall auf Zeichen des Lobes für Agostino stieß. Im Zentrum der Decke seiner Gartenloggia befindet sich ein Gemälde, auf dem die Allegorie des Ruhms, die eine mächtige Trompete bläst, abgebildet ist.[2] Wessen Ruhm die Figur rund um die Welt verbreiten sollte, steht außer Frage. Diese Darstellung wird von kleineren Gemälden umrandet, auf denen Zeichen des Zodiaks und der planetarischen Götter zusammen mit Gestalten der klassischen Mythologie, deren Geschichten zu den Symbolen der Planeten in Beziehung stehen, abgebildet sind. Alle diese Szenen an der Decke der Loggia zeigen die Sternenkonstellation zum Zeitpunkt von Chigis Geburt am 1. Dezember 1466 und sind somit Abbild seines Horoskops.

In der Renaissance war der Glaube sehr verbreitet, daß die Sternenkonstellation in der Geburtsstunde eines Menschen die Linien der künftigen Entwicklung seines Lebens vorgibt.[3] Als Geschäftsmann, dessen Schiffe Wind und Stürmen standhalten mußten und dessen Geschäfte unvorhersehbare Risiken bargen, war sich Chigi vielleicht mehr als andere der Macht der Fortuna und der Beherrschung des menschlichen Lebens durch unberechenbare Kräfte bewußt. Zugleich aber stehen die Darstellungen des Zodiaks und der Planeten an der Decke der Villa in Verbindung mit antiken Göttern und Heroen, welche die ganze Fülle menschlicher Möglichkeiten symbolisieren: Erfindergeist, Klugheit, Stärke, Leidenschaft und künstlerische Schaffenskraft. Auch Chigi teilte die Bewunderung seines humanistischen Zeitalters für die klassische Welt, und von der Antike mag er gelernt haben, daß die natürlichen Anlagen eines Mannes, seine *virtù*, Voraussetzungen für seine Leistungen sind. Als junger Mann hatte Chigi seinem Vater geraten, Pinturicchio in Siena anzustellen.[4] In späteren Jahren muß ihm häufig ein Graffito am Boden der Kathedrale aufgefallen sein, das Pinturicchio entworfen hatte: Es zeigt die Grenzen von Fortunas Macht und verdeutlicht, daß Fortuna den Menschen nur bis zu dem Punkt zu bringen vermag, wo er durch den Einsatz eigener Fähigkeiten seine *virtù* unter Beweis stellen muß. Zu Chigis Zeiten diskutierte man lebhaft die Fragen, ob der Mensch sich auf seine eigene Stärke verlassen konnte, ob es nur darauf ankam, die von Fortuna eröffneten Möglichkeiten zu nutzen, oder ob alles Geschehen bereits in den Sternen vorgezeichnet stand. Chigi bevorzugte keine dieser Erklärungen, sondern betrachtete das menschliche Leben als Resultat ihres Zusammentreffens.

Chigis Leben und seine Karriere haben gewiß zu dieser dualistischen Auffassung – dem Vertrauen in die menschlichen Vermögen und die Anerkennung höherer Mächte – beigetragen. Seine Zeitgenossen glaubten, daß Chigi in geschäftlichen Dingen mit geradezu unheimlicher Geschicklichkeit zu Werke ging; er verstand, jeden ökonomischen Vorteil und jede Gesetzeslücke zu nutzen. Er war stolz auf das, was er aus eigener Kraft erreicht hatte. Doch zugleich vergaß er nie, daß er der Unterstützung durch die Mächtigen seiner Zeit bedurfte. Julius II. blieb stets der Oberherr, dessen Befehlen er gehorchte. Den Petrucci-Herrscher von Siena, dem Chigi sehr nahe stand, behandelte er äußerst respektvoll, ja fast schon unterwürfig. Während des ganzen Jahres 1511 erörterte Chigi mit der Familie Gonzaga die Möglichkeit der Heirat mit einer leiblichen Tochter des Gonzaga-Herrschers von Mantua.[5] Der Plan schlug schließlich fehl, weil nicht einmal Chigis Reichtum den Widerstand der Dame brechen konnte, obwohl ihr Vater, der Marquis von Mantua, von der Idee durchaus angetan war. Seine einzige Bedingung war, daß Chigi sein Geschäftsleben aufgeben und sein Geld in Grundbesitz anlegen sollte. Interessanterweise war Chigi sogar bereit, diese Bedingung einzugehen. Anders als die florentinischen oder venezianischen Adligen, die in Republiken lebten und sich den Herrschern der vielen italienischen Staaten zumindest ebenbürtig glaubten, lebte Chigi, der im Siena der Petruccis geboren worden war und als Erwachsener im päpstlichen Rom wohnte, in einer Welt der Höfe und Fürsten. Sein Denken war geprägt von starren sozialen Hierarchien, und in seinem Weltbild gab es wenige Herrscher und viele Beherrschte. Wenngleich er sicherlich wußte, daß es selbst unter den Herrschenden noch ein Machtgefälle gab und er keine Chance hatte, an die Spitze zu kommen, so strebte er doch danach, seiner Familie einen Platz in der Welt der Mächtigen zu sichern. Kaufmann zu sein war für ihn ein Mittel zu diesem Zweck, nicht ein Wert an sich.

Die Art seiner finanziellen Aktivitäten trug wesentlich zu diesen Bestrebungen bei. Grundlage seines enormen Reichtums war ein Pachtverhältnis, das von der päpstlichen Gunst abhängig und zeitlich begrenzt war. Er war ein Bankier, der sein Geld durch Vergabe von Darlehen für sich arbeiten ließ, oder indem er es in Unternehmen investierte, die geschaffen worden waren, um lukrative Geschäftsmöglichkeiten zu nutzen. Weder gab es einen Monte in Rom, wo man Geld hätte investieren können, noch waren die Chigis Besitzer oder Partner einer alteingesessenen Manufaktur. Die für Chigi zur Erhaltung seines Reichtums zugänglichen Investitionen waren Häuser, Grundbesitz, Juwelen und Wandteppiche. Derlei Besitztümer versprachen Wertstabilität und den Aufstieg seiner Familie in den Kreis der herrschenden Adligen.

In der Herrschaftszeit Julius' II. war Chigi auch politisch tätig und hatte eine einflußreiche Position inne. Nach dessen Tod, also in der Zeit Leos' X., wird Chigi vor allem als eine herausragende Gestalt der vornehmen Gesellschaft im Rom der Medici erwähnt. Er galt als großer Förderer der Künste; Bramante, Raphael, Peruzzi, Giulio Romano, Sebastiano del Piombo und Sodoma arbeiteten für ihn.[6] Er finanzierte eine Druckerpresse, mit der 1515 eine griechische Pindarausgabe gedruckt wurde.[7] Auch fragt man sich, ob er bei der Einstellung des Dichters Aretino als Angestellter in seiner Bank nicht vor allem von dessen literarischen Fähigkeiten und Interessen geleitet wurde.[8] Die von Chigi veranstalteten Bankette zu Ehren des Papstes und auswärtiger Fürsten waren berühmt für ihren Glanz; Botschafter berichteten ihren Regierungen von diesen Anlässen mit der größten Bewunderung, die lediglich von einem kleinen Begleitumstand getrübt wurde.[9] Es soll Feste gegeben haben, bei denen das Silbergeschirr, von dem die Gäste gegessen hatten, nach jedem Gang in den Tiber geworfen wurde. Man erzählte sich ferner, Chigi habe unterhalb der Wasseroberfläche Netze ausbringen lassen, so daß das Silber von Fischern eingesammelt und am anderen Morgen zu ihm zurückgebracht werden konnte.

Den vielen Berichten über sein glanzvolles Leben und seinen prächtigen Haushalt stehen indessen weitaus weniger Informationen über seine finanziellen Transaktionen gegenüber. Sicher ist, daß er zum Krönungszeremoniell und auch in der Folgezeit immer wieder hohe Summen an Papst Leo X. verliehen hat.[10] Durch dieses Darlehen sicherten sich Chigi und seine Geschäftspartner eine zwölfjährige Verlängerung des Pachtvertrages für die Tolfa-Minen, nachdem die ursprüngliche Pachtdauer 1513, also im ersten Jahr von Leos Amtszeit, abgelaufen war. Obwohl die finanzielle Unterstützung des Papstes eine unabdingbare Voraussetzung für die Wahrung von Chigis Position war, gibt es keine Belege dafür, daß er seine geschäfltichen Interessen mit derselben Unnachgiebigkeit wie in den Tagen Julius' II. verfolgt hätte. Im übrigen war der Hauptsteuerpächter der Tolfa-Minen im Jahr 1513 nicht Agostino Chigi, sondern ein anderer Sieneser namens Andrea Bellanti; Chigi war lediglich ein Partner mit einem Anteil von zwanzig Prozent.[11] Dennoch kann man davon ausgehen, daß Chigi in dem Unternehmen tonangebend blieb. Kurz vor seinem Tod wurde er erneut Hauptpächter der Minen.[12] Obwohl Chigi seine Geschäfte unter Leo X. nicht aufgab, wollte er doch offenbar weniger Zeit auf sie verwenden als zuvor. Offensichtlich war ihm daran gelegen, nicht als Geschäftsmann, sondern als eine führende Gestalt der römischen Gesellschaft zu gelten.

Den Höhepunkt dieses Abschnitts seiner Karriere erreichte Chigi am 28. August 1519, dem Feiertag seines Namenspatrons Augustinus. An diesem Tag nämlich unterzeichnete Chigi sein Testament. Vierzehn Kardinäle und andere hohe Kleriker waren Zeugen bei diesem Vorgang.[13] Gleichzeitig waren die Zeugen noch bei einer anderen Zeremonie anwesend, die der Verlesung des Letzten Willens vorausging: Chigis Hochzeit mit Francesca Ordeaschi, die er acht Jahre zuvor aus Venedig nach Rom mitgebracht und mit der er vier Kinder hatte. Die Hochzeit fand in seiner Villa Suburbina statt, und Papst Leo X. persönlich reichte dem Brautpaar die Ringe.

*

Als ein Brief aus Rom in Venedig eintraf, der von Chigis Hochzeit berichtete, machte Sanudo eine Eintragung in sein Tagebuch; er war schockiert.[14] Es schien ihm denkbar unangemessen, daß der Papst bei der Hochzeit eines Mannes zugegen sein sollte, der bereits vier Kinder mit der Frau hatte, die er erst jetzt zu heiraten gewillt war. Zudem war sie die Tochter eines armen venezianischen Krämers.[15] Einen Monat später bezeichnete die venezianische Regierung Chigi in einer Note an ihren Botschafter in Rom, Marco Minio, als eine »suspekte und trügerische Persönlichkeit.«[16]

Vor dem Hintergrund der Ereignisse im August 1511 ist diese Schmähung überraschend; damals ließ die venezianische Regierung Chigi die größten Ehren zuteil werden, und wir erinnern uns des Respekts, der ihm von führenden Persönlichkeiten der Republik entgegengebracht wurde. Seit diesem Zeitpunkt aber war das Verhältnis zwischen Chigi und der venezianischen Regierung ziemlich schwierig geworden, und im Spätsommer des Jahres 1519 gab es eine heftige Auseinandersetzung, deren Gegenstand noch immer dieselbe alte Geschichte war: Die venezianische Regierung hatte die 1511 von Chigi geborgten 20000 Dukaten noch nicht zurückgezahlt, und dieser behielt nach wie vor die Juwelen von San Marco, die ihm als Sicherheiten für das Darlehen gegeben worden waren. Obwohl nunmehr acht Jahre seit Vertragsschluß vergangen waren, hatte keine Einigung erzielt werden können. Die Verhandlungen im Jahr 1519, die zu der zuvor zitierten gereizten Äußerung Anlaß gegeben hatten, waren bereits der zweite Anlauf im Bemühen um eine Beilegung der Streitigkeiten gewesen. Ein erster war schon ein Jahr nach Unterzeichnung des Abkommens im August 1511 unternommen worden.

Als er in jenem August Venedig verließ, hinterließ er der venezianischen Regierung eine Mitteilung, in der er erklärte, er werde ihr umgehend ein Darlehen über 20000 Dukaten gewähren; der venezianischen Regierung wurde eine sechsmonatige Bedenkzeit – also bis zum Januar 1512 – eingeräumt, in der sie sich entscheiden mußte, ob sie auch den anderen Teil des Vertrags, sprich den Verkauf des Alauns, eingehen wollte.[17] Sollten die 20000 Dukaten im Januar 1512 an Chigi zurückgezahlt werden, so wäre der gesamte

Vertrag null und nichtig. Gegen Ende des Jahres 1511 waren sowohl die Mitglieder des Rates der Zehn als auch die Pregadi eher geneigt, den Vertrag aufzukündigen; sie fürchteten eine zu starke Anbindung Venedigs an Rom. Just zu diesem Zeitpunkt bemühte sich der Papst erneut darum, den deutschen König von seiner Allianz mit Frankreich abzubringen; als Köder dienten ihm hierbei die Gebiete auf dem Festland. Und dennoch: Selbst wenn es vorteilhaft war, die Bande mit Rom und Chigi zu zerschneiden, so mußte die Rückzahlung der Schuld zwangsläufig die Erhebung neuer Steuern nach sich ziehen.[18] Infolgedessen gab es lange Erörterungen im Rat der Zehn und bei den Pregadi, in denen man sich einig wurde, daß die Rückzahlung des Darlehens an Chigi erstrebenswert war. Der Rat der Savi schlug hierauf den Pregadi die Erhebung einer Decima vor, um den Vertrag mit Chigi aufkündigen zu können. Grimani, Leonardo Mocenigo und Giorgio Emo, allesamt Befürworter des Abkommens mit Chigi, schlugen vor, eine endgültige Entscheidung in dieser Sache nochmals zu vertagen; der Vorschlag wurde angenommen. Priuli bemerkte verbittert, daß jedesmal, wenn neue Steuererhebungen anstanden, der Gegenvorschlag erfolgte, die Entscheidung zu vertagen. Da die Venezianer nicht bereit waren, neue Steuern zu erheben, trat folglich der Vertrag mit Chigi in Kraft. Venedig bewilligte den Kauf der 7000 Cantari Alaun, erwartete jedoch, diese unmittelbar an Alessandro Schiapi zu den im Mai festgelegten Konditionen weiterverkaufen zu können.

Doch es kam alles ganz anders. Schiapi war weder gewillt, noch bereit, seinen Teil des Abkommens innerhalb der vorgeschriebenen Periode, also zwischen Januar und April 1512, zu erfüllen. Chigi wurde darüber von der venezianischen Regierung in Kenntnis gesetzt mit der Aufforderung, das zu tun, was er versprochen hatte, nämlich einen anderen Käufer zu finden, falls das Geschäft mit Schiapi nicht in der vorgesehenen Weise abgewickelt werden konnte. Am 19. Juli 1512 unterzeichneten die Vertragsparteien ein neues Abkommen, wodurch das alte sowohl verlängert als auch revidiert wurde. Chigi wurde nun ein größerer Zeitraum zugestanden, um einen anderen Käufer für das Alaun zu finden; man gewährte ihm hierfür vom August 1512 an acht Monate. Venedig seinerseits erhielt die Möglichkeit, den Vertrag binnen sechs Monaten zu kündigen, falls es innerhalb dieser Periode die 20000 Dukaten an Chigi zurückzahlte. Es gab aber noch eine weitere Bedingung: Solange Venedig noch in Chigis Schuld war, durfte Chigi der Stadt sein Alaun zu dem hohen Preis von 20 Dukaten verkaufen und mußte dafür lediglich die Hälfte der sonst üblichen Importzölle entrichten. Überdies garantierte die Regierung auch, daß nur Chigis Alaun auf dem venezianischen Markt verkauft werden durfte.[19]

Der revidierten Fassung des Vertrages zufolge lief die Frist für eine endgültige Einigung im Frühjahr 1513 aus. Doch für einen langen Zeitraum lassen sich keine Aufzeichnungen über diese Angelegenheit mehr in den Dokumenten finden. Es war eine Zeit größter Instabilität und Veränderungen auf der politischen Bühne: Am 2. Februar 1513 starb Julius II. Zunächst war unklar, wer sein Nachfolger werden sollte, und als man schließlich Leo X. gewählt hatte, war mehr als fraglich, welchen politischen Kurs er verfolgen werde. Venedig hatte von der päpstlichen zur französischen Seite gewechselt, doch waren die Resultate dieses Schrittes äußerst nachteilig. Der Sieg der Schweizer bei Novara im Juni 1513 hatte die Feinde erneut so nahe an Venedig herankommen lassen wie bereits in den Jahren 1509 und 1511. Ganz gewiß kein günstiger Zeitpunkt für Venedig, seine Ressourcen für die Rückzahlung eines Darlehens anzugreifen. Auch Chigi kann zu diesem Zeitpunkt kaum daran gedacht haben, weitere Investitionen in Venedig zu tätigen. Für beide Parteien hatte der Fortbestand des Status quo Vorteile: Für Venedig den negativen Vorteil, das Darlehen nicht zurückzahlen oder eine Rückzahlung in Raten eingehen zu müssen; für Chigi den positiven Vorteil, daß der venezianische Markt dem Alaun aus Tolfa vorbehalten blieb, das er dort zu einem ungewöhnlich hohen Preis absetzen konnte. Chigi scheint gewisse Zweifel gehabt zu haben, ob die Venezianer sich auch wirklich an die Vereinbarung halten würden. Er glaubte, daß Alaun anderen Ursprungs auf den venezianischen Markt gekommen sein könnte, und legte daher zweimal, 1514 und 1517, bei der venezianischen

Regierung Beschwerde ein.[20] Doch erst im Frühjahr 1519 lassen sich wieder Anhaltspunkte für die Wiederaufnahme der Verhandlungen finden.

Zu diesem Zeitpunkt war eine völlig veränderte politische Situation eingetreten. Der Krieg war vorüber, und Venedigs letzte militärische Handlung war der Wiedereinmarsch seiner von Gritti geführten Truppen in Verona am 24. Januar 1517 gewesen. Noch während die Kämpfe fortdauerten, hatte der venezianische Patrizier Andrea Mocenigo damit begonnen, eine Geschichte des Krieges der Liga von Cambrai zu schreiben. Die letzten Sätze dieses Werkes entstanden am 13. August 1517, und das Ereignis, mit dem die Geschichte endet, ist die Wiederherstellung venezianischer Herrschaft in Verona.[21] Mocenigo beschreibt die Freude der Einwohner Veronas über den Sieg ihrer alten Herrscher. In Prozessionen trugen sie vergoldete Löwen von San Marco durch die Stadt, auf denen geschrieben stand: »Die Wahrheit lebt wieder auf Erden und brachte vom Himmel die Gerechtigkeit.« In aller Kürze geht der Autor dann auf die Opfer ein, die Venedig in diesem Krieg hatte bringen müssen. Der Krieg brachte horrende Ausgaben mit sich, und die Art und Weise, wie diese Summen aufgetrieben wurden, »ist ein Wunderwerk, das keine andere Republik vollbracht hat.« Eines der Mittel hierzu war der Ämterverkauf gewesen, doch nun, da die Gefahr ausgestanden war, verfügte der Senat, daß sich keiner mehr Ehren erkaufen konnte, sondern sich diese durch Tugend verdienen mußte.[22]

Mocenigo verglich die Leistungen der venezianischen Republik mit denen der berühmtesten Republiken der Antike. Wohl waren die Taten der Athener und Römer großartig, doch mußten diese sich zu keinem Zeitpunkt gegen so viele Herrscher behaupten wie Venedig. Das Motiv, Venedig als einzigen modernen Staat darzustellen, in dem noch die Tugenden und die Weisheit der Antike lebendig sind, findet sich in zahlreichen venezianischen Schriften über Geschichte und Politik wieder.[23] Egnazio, Freund vieler Patrizier und ein Vertrauter von Aldus, schrieb ein Buch, in dem er die großen Gestalten der venezianischen Geschichte mit denen der Antike verglich – eine Gegenüberstellung, die keineswegs zuungunsten Venedigs ausging. Und Contarinis berühmtes Buch über die venezianische Republik vertritt die Auffassung, Venedig sei *die* ideale Republik gewesen, von der die antiken Philosophen zwar immer geträumt hatten, die jedoch in der Antike selbst nie verwirklicht worden war.

Hinter dieser Idealisierung Venedigs stecken sehr unterschiedliche Motive: Sie war zugleich Verteidigung und Ermahnung. Einerseits half sie, die Fehler der Vergangenheit zu verdecken, indem sie die herrschende Klasse als Erben tradierter politischer Weisheit präsentierte. Andererseits aber war sie als Warnung gemeint, sich nicht von Reichtum und Luxus verderben zu lassen, sowie als Aufruf, zu den alten Werten und zur Disziplin zurückzukehren. Ein derart idealisiertes Bild war kaum in Einklang zu bringen mit der Tatsache, daß Venedig noch immer bei einem römischen Bankier verschuldet war und daß die Juwelen des Schatzes von San Marco sich in den Händen eines Ausländers befanden. Ebenso wie man den Ämterverkauf gestoppt hatte, mußte man sich nun auch von der Abhängigkeit von Chigi lösen, um unter Beweis stellen zu können, daß Venedig seine alte Macht zurückerlangt hatte. Praktischen Rückhalt bekam dieses Bedürfnis noch durch die Beschwerden der Händler über den hohen Alaunpreis. Es gab daher eine ganze Reihe von Gründen, weshalb der Rat der Zehn am 27. April 1519 zu dem Schluß kam, es sei an der Zeit, Chigi zur Rückgabe der Juwelen aufzufordern, die ihm als Sicherheit für sein Darlehen überlassen worden waren.[24]

*

Da Chigi ein privater Geschäftsmann war, beschloß die venezianische Regierung, sich auf eine inoffizielle und informelle Weise an ihn zu wenden. Giorgio Corner schrieb seinem Sohn, dem römischen Kardinal, er solle die Rückgabe der Juwelen im Gegenzug zur Begleichung des Darlehens vorbereiten. Am 17. Mai 1519 gab die Regierung Kardinal Corner alle Befugnisse eines Bevollmächtigten.[25] Anfangs verliefen die Diskussionen mit Chigi zügig und reibungslos; doch in einem Brief des Kardinals vom 24. Juni findet sich der Hinweis, daß es womöglich Schwierigkeiten geben könnte. Chigi forderte eine Verlängerung seiner Verkaufsrechte in Venedig um ein weiteres Jahr.[26] Die venezianische Regierung aber ignorierte dies und entsandte einen Experten, der die Juwelen untersuchen sollte. Er fand sie in einwandfreiem Zustand vor, wenngleich das bedeutendste Stück, eine lange, aus Rubinen, Diamanten und Perlen bestehende Halskette, die den oberen Teil eines ritterlichen Panzerhemds darstellte, entzweigebrochen war.[27] Kardinal Corner erhielt hierauf eine neue Vollmacht, die ihn befugte, Chigi 20 000 Dukaten zu geben und die Juwelen in Verwahrung zu nehmen. Irgendwie schien die venezianische Regierung aber doch zu spüren, daß sie Chigis Forderung nach Verlängerung des Alaunmonopols nicht gänzlich ignorieren konnte, und machte daher das Angebot, den Import anderen Alauns bis zur Ratifizierung eines endgültigen Abkommens zu unterbinden; zudem sollte Chigi keine weiteren Zölle auf das bereits nach Venedig gebrachte Alaun entrichten müssen.[28] Corner gab Chigi die 20 000 Dukaten, und Chigi übergab ihm die Juwelen, die der Kardinal bis zur Unterzeichnung des Abkommens behalten sollte.

Nun setzte Chigi die endgültige Fassung des Vertrags auf, den die Venezianer unterschreiben sollten; Kardinal Corner schickte sie am 9. August 1519 nach Venedig.[29] Dieses Dokument verwandelte die Verhandlungen zwischen Chigi und der venezianischen Regierung in eine scharfe Kontroverse, die fast bis zu Chigis Tod im Frühjahr 1520 andauern sollte. Zu diesem Konflikt, der von den besten römischen Rechtsanwälten ausgetragen wurde, gehörte die Konfiszierung von Eigentum ebenso wie Exkommunikationen und Interventionen durch Papst Leo X. Als Corner das Dokument nach Venedig schickte, merkte er an, daß die Venezianer es sehr genau lesen sollten.[30] In der Tat waren diese nach der Lektüre schockiert. Das Schriftstück schien ihnen derart umfangreich und mit all seinen Klauseln, Termini und Revisionen so schwierig, daß »sie doch ziemlich aufgebracht waren; sie pflegten nicht, andere zu betrügen, aber wollten ihrerseits auch nicht getäuscht und betrogen werden.« Die Forderung, die sie am meisten empörte, war, daß Chigi nicht nur vierzig Tag lange sein Alaun ohne Abführung zusätzlicher Zölle in Venedig verkaufen wollte, sondern zudem eine

Sicherheit für alle möglichen Schäden, die an seinen oder den Gütern seiner Angestellten entstehen könnten, verlangte; hierfür forderte er eine Summe von 10 000 Dukaten. Die Venezianer fürchteten, daß diese Klausel zu endlosen Rechtsstreitigkeiten führen würde, während sich die Sicherheit in Chigis Händen befände. Dies machte ihn um 10 000 Dukaten reicher.

Mehrmals traten die venezianischen Räte zusammen, um Chigis Forderung zu diskutieren; sie konnten sich aber nicht sofort zu einer geschlossenen Reaktion durchringen. Zunächst war man um eine Formel bemüht, die die Möglichkeit juristischer Auseinandersetzungen gering halten sollte,[31] entschied sich aber letztlich doch für ein weniger moderates Vorgehen.[32] In ihren Instruktionen für Kardinal Corner brachten die Venezianer ihre Empörung über Chigis Worte zum Ausdruck, die zeigten, daß er die »Aufrichtigkeit und Rechtstreue der venezianischen Regierung« nicht kannte. Dennoch waren sie bereit, ein letztes Angebot zu unterbreiten. Der Kardinal sollte Chigi mitteilen, er könne alle Profite, die er in der Vergangenheit mit dem Alaunverkauf gemacht habe, behalten. Auch gebe es keine weiteren Steuern oder Auflagen für das bereits in Venedig befindliche Alaun, und es werde Chigi auch in Zukunft erlaubt sein, Alaun zu marktgängigen Preisen in Venedig abzusetzen. Hinsichtlich aller anderen Fragen, die sich aus den Verhandlungen des Jahres 1511 ergaben, sollte »ewiges Schweigen« herrschen, was im Klartext bedeutete, daß die venezianische Regierung keine Anklage wegen Wucher erheben würde. Sollte sich Chigi aber ein weiteres Mal widersetzen und eine Einigung ablehnen, so war der Kardinal angewiesen, ihm die Juwelen zurückzugeben und die 20 000 Dukaten zurückzufordern. Ferner teilte die Regierung dem Kardinal mit, daß sie, um eine Entscheidung zu erzwingen, das gesamte Alaun, das Chigi in Venedig lagerte, beschlagnahmt und sämtliche Zahlungen an Chigis Agenten Raphael Besalù gestoppt habe. Sie schuldete ihm angeblich an die 20 000 Dukaten.

Eigentlich hätten die Venezianer nach all ihren Verhandlungserfahrungen mit Chigi nicht erstaunt sein dürfen, daß dieser auf die Konfiszierung sehr verärgert reagierte. Er berief sich auf die Klauseln der Vertragsfassung von 1511, wonach sämtliche Streitigkeiten, die sich aus dem Vertrag ergaben, vor einem päpstlichen Tribunal entschieden werden sollten, und bat infolgedessen die Rota um Exkommunizierung jener fünfzig Venezianer, die ihm Bürgschaften gegeben hatten, weil diese ihre Versprechen gebrochen hätten.[33] Nachdem er diese Information bekommen hatte, ritt der venezianische Botschafter bei schwerem Regen und aufgeweichten Straßen zum Jagdhaus des Papstes, um die Aussetzung der Exkommunikation zu erreichen. Nun sollten Kardinal Corner und Chigi persönlich vor dem Papst erscheinen, so daß es schließlich zu einer heftigen Auseinandersetzung in dessen Gegenwart kam. Leo versuchte hierbei so salomonisch wie nur möglich zu sein. Er schlug vor, ein denkbar unkompliziertes Dokument aufzusetzen, das weiter nichts zum Inhalt hatte, als daß Chigi das Geld erhalten habe und Corner die Juwelen bis zur Entscheidung des Rechtsstreits behalten sollte. Der Papst erklärte sich bereit, die Exkommunizierung der fünfzig Venezianer bis dahin auszusetzen.

Die Venezianer waren über den Gang der Ereignisse sichtlich enttäuscht, doch hatten sie keine andere Wahl, als eine Erklärung abzufassen, die den päpstlichen Weisungen entsprach. Das Geld sollte bei Chigi und die Juwelen bei Kardinal Corner bleiben, bis das Gericht eine Entscheidung fällen würde. Mit dem Ziel, eine langwierige gerichtliche Auseinandersetzung zu umgehen, unternahmen sie einen weiteren Versuch, eine Einigung mit Chigi zu erzielen. Sie erneuerten ihr Angebot, daß Chigi sein bereits nach Venedig importiertes Alaun zum Preis von 20 Dukaten ohne die Entrichtung zusätzlicher Zölle verkaufen könnte. Gleichzeitig aber bereiteten sie ihren Botschafter in Rom auf den bevorstehenden Rechtsstreit vor; zu diesem Zweck schickte man ihm eine vollständige Dokumentation des gesamten Vorgangs sowie provenezianische Rechtsgutachten. Man beauftragte ihn, die besten Rechtsanwälte mit der Angelegenheit zu betrauen.[34]

Die uns zur Verfügung stehenden Berichte über die Debatte bei den Pregadi zeigen das ganze Ausmaß an Zorn und Frustration über die geschickte Art und Weise, mit der es Chigi gelungen war, Venedig als die im Unrecht befindliche Partei darzustellen. Einer der schärfsten Kritiker Chigis in diesem Zusammenhang war Antonio Grimani. Man muß sich wohl fragen, ob er sich nun schuldig fühlte, weil er beim Zustandekommen des Vertrags mit Chigi eine herausragenden Rolle gespielt und geholfen hatte, die Bürgschaften zu mobilisieren, die nun über viele seiner Kollegen den Schatten der Exkommunikation warfen. War die Vehemenz, mit der er nun Chigi angriff, Ausdruck seines schlechten Gewissens? Luca Tron, der im Jahr 1511 zu den Gegnern des Vertrags gehört hatte, konnte seine Zunge nicht im Zaum halten, als er bemerkte, daß man Chigi in der Vergangenheit zuviel Gunst erwiesen habe.

Auf Ersuchen des Rates der Savi billigten die Pregadi eine öffentliche Erklärung, in welcher festgestellt wurde, daß nun jederman sein Alaun zum Verkauf nach Venedig bringen konnte, ohne die sonst üblichen Zölle zahlen zu müssen. Grimani schlug außerdem vor, man solle Kardinal Corner bitten, die Juwelen, die ihm Chigi gegeben hatte, an den venezianischen Botschafter in Rom auszuhändigen. Bei dieser Zusammenkunft der Pregadi – sie fand am 22. Oktober 1514 statt – überwog die Meinung jener Rechtsexperten, die sich gegen Maßnahmen aussprachen, welche einer gerichtlichen Klärung zuwiderliefen. Einen Monat später jedoch wurde Grimanis Vorschlag angenommen. Man schickte Kardinal Corner eine ziemlich gebieterisch abgefaßte Note, derzufolge er die Juwelen dem venezianischen Botschafter übergeben sollte. Dies jedoch lehnte der Kardinal ab. Er begründete seine Haltung damit, daß er sich verpflichtet habe, die Juwelen erst dann an die venezianische Regierung zu übergeben, wenn ein Abkommen über den Austausch von Geld und Juwelen getroffen worden sei, und er fühle sich an dieses Versprechen gebunden. Konsequenterweise gab er Chigi die Juwelen zurück, und Chigi seinerseits gab dem Kardinal die 20 000 Dukaten.[35] Somit schien der Verhandlungsspielraum erschöpft, und weitere Maßnahmen konnten erst nach einer gerichtlichen Entscheidung getroffen werden.

Es folgten plötzliche Veränderungen, die schließlich zu einer neuen, abschließenden Phase in der langen Auseinandersetzung um den Vertrag von 1511 führen sollten. Diese letzten Verhandlungen bezeugen noch einmal deutlich die Qualitäten Chigis, die für seine erfolgreiche Karriere so ausschlaggebend waren: Klugheit und Ausdauer. Als die venezianische Regierung die Verhandlungen im Frühjahr 1519 aufnahm, hatte Chigi wenig Verhandlungsspielraum, doch jetzt, nachdem er die römische Kurie ins Spiel gebracht hatte, befand er sich in einer starken Position. Ende Dezember wandte sich ein römischer Herr – dessen Name nirgendwo verraten wird – an den venezianischen Botschafter und sagte, er käme in Chigis Auftrag. Er gab zu verstehen, daß Chigi bereit sei, die Entscheidung des gesamten Rechtsstreits in die Hände des Papstes zu legen. Dieser Mittelsmann also gab schließlich das eigentliche Motiv kund, das hinter der Schaffung immer neuer Hindernisse steckte. Chigi betrachtete es als ungerecht, daß die Venezianer acht Jahre lang eine Summe von 20 000 Dukaten zu ihrer Verfügung gehabt hatten, ohne ihm dafür Zinsen bezahlen zu müssen. Er konnte freilich immer argumentieren, daß der Vertrag aus dem Jahr 1511 ja eigentlich auch Zinsen vorsah: Sie waren Teil des fiktiven Verkaufs, den das Abkommen festschrieb, und bestanden in der Differenz zwischen dem Preis, den Venedig für das Alaun bezahlen mußte, und dem niedrigeren Preis, zu dem dieselbe Menge an einen Angestellten Chigis weiterverkauft werden sollte. Da dieser Teil des Abkommens jedoch nie in die Tat umgesetzt worden war, konnte Chigi für sich in Anspruch nehmen, das Darlehen zwar gewährt, jedoch keinen Nutzen daraus gezogen zu haben.

Der Bericht über die Unterredungen mit dem römischen Herrn führte zu Aufregungen und Diskussionen in der venezianischen Regierung.[36] Die Venezianer waren ihrerseits überzeugt, daß Chigi nicht nur einen gerechten, sondern sogar »exzessiven« Nutzen aus dem Vertrag mit Venedig hatte. Auf diese Weise habe er zwischen 30 000 und 32 000 Dukaten mehr verdient, als er an irgend einem anderen Ort mit seinem teuren Alaun eingenommen hätte. Chigis Vorschlag, den Streit der päpstlichen Vermittlung zu überlassen, brachte die Venezianer in ein Dilemma. Zwar schien es vielen politisch unklug, den Papst als Vermittler abzulehnen, doch stand zu fürchten, daß Leo X. aufgrund seiner finanziellen Verpflichtungen gegenüber Chigi eher dessen Partei ergreifen könnte. Manche wollten den Vorschlag rundweg ablehnen, während andere glaubten, es sei besser, herauszufinden, was hinter den Angeboten des römischen Herrn steckte. Man beschloß, einen Gegenvorschlag zu machen; zwei Richter sollten die Vermittlung übernehmen, und dann konnte man sehen, ob dies zur Wiederaufnahme der Verhandlungen führte.[37]

Die Venezianer wurden nicht enttäuscht. Die Verhandlungen wurden wieder aufgenommen,[38] doch lagen jene falsch, die eine sachtere Gangart erwarteten. Chigi erwies sich ein weiteres Mal als ebenso unnachgiebig, wie er es in der Vergangenheit immer gewesen war. Beide Parteien kamen nun überein, daß Chigi für sein zinsloses Darlehen eine Kompensation erhalten sollte. Chigi verlangte daher, die Sonderstellung des Alauns aus Tolfa auf dem venezianischen Markt für weitere drei Jahre sicherzustellen. Hierauf schrieb die venezianische Regierung an Minio, ihren Botschafter in Rom, daß die Grundlage, auf der die Verhandlungen wieder aufgenommen worden waren, durch diese Forderung verändert wäre. Damals war die Ausgangsbasis eine Verlängerung um 18 Monate gewesen. Voller Entrüstung schrieben die Venezianer, Chigi habe sich, wann immer sie geneigt waren, auf seine Forderungen einzugehen, stets wieder von dem entfernt, was »recht und billig« gewesen wäre. Auf dem Hintergrund der enormen Profite, die er in Venedig gemacht hatte, schien eine Verlängerung um weitere drei Jahre für den Verkauf des Alauns zu privilegierten Konditionen in keiner Weise gerechtfertigt. Trotzdem war Venedig bereit, ein letztes Angebot zu machen: Chigi könnte sein Monopol für ein weiteres Jahr behalten. Falls er aber erneut ablehnen sollte, so fänden keine weiteren Verhandlungen mehr statt, und die Lösung der Angelegenheit würde bis zum Schiedsspruch der Gerichte aufgeschoben.[39] Chigi reagierte hierauf weder mit Zustimmung noch mit Ablehnung; vielmehr reichte er seinerseits einen Gegenvorschlag ein, wonach sein Monopol nicht nur um ein, sondern um zwei Jahre verlängert werden sollte.[40] Beide Parteien schienen kurz vor einer Einigung zu stehen, und auf Bitten des venezianischen Botschafters ersuchte Chigi Leo X., die Exkommunizierung der fünfzig Venezianer aufzuheben.[41] Ob dies aber bedeutete, daß Chigi nun auch bereit war, einen Schlußstrich unter die Sache zu ziehen, werden wir nie erfahren. Er starb drei Wochen später, am 11. April 1520.

*

Am 6. April 1520 starb Raphael; der kunstliebende venezianische Patrizier Marc Antonio Michiel, der sich in Begleitung des jungen Kardinals Pisani in Rom aufhielt, schrieb, tief bewegt, von dem Verlust, den die Welt erlitten habe, und fügte hinzu: »Meines Erachtens wird der gestrige Tod von Agostino Chigi ungleich weniger Schaden anrichten, auch wenn die meisten Menschen meine Ansicht nicht teilen.«[42] Recht hatte Michiel sicherlich insofern, als dies nicht die Meinung der römischen Welt zum Tod des Bankiers war. Agostino Chigi wurde mit größtem Pomp in der Kirche Santa Maria del Popolo beigesetzt.[43] Die Prozession wurde von den Mitgliedern der religiösen Ordensgemeinschaften angeführt, gefolgt von Priestern aus allen römischen Kirchen und einer großen Delegation aus Siena, die alle lange, dünne Wachskerzen trugen. Chigi wurde einbalsamiert und auf eine mit Goldbrokat verzierte Bahre gelegt, sein Körper mit einem Umhang aus schwarzem Satin bedeckt. Mitglieder des päpstlichen Hofes waren zugegen, sowie die Kardinäle, sämtliche Würdenträger der Kurie und zahllose Freunde – zusammen etwa 5 000 Menschen.

Die Einzigartigkeit und Feierlichkeit von Chigis Begräbnis legen Zeugnis ab von seinem vertrauten Umgang mit den Mächtigen der römischen Kirche. Er war einer der frühen höfischen Bankiers und zugleich einer der brillantesten Vertreter eines Typus, der sich später im früh-neuzeitlichen Europa zusehends durchsetzte. Chigi selbst – und hierin liegt ein weiterer Beleg für seine außerordentliche Begabung – bekam nie die Launen zu spüren, die die Abhängigkeit von der Gunst der Herrschenden normalerweise mit sich bringt. Als aber die Chigis nach seinem Tod nicht mehr länger auf die Unterstützung durch den päpstlichen Hof vertrauen konnten, wurde es zusehends schwieriger für sie, ihre Besitztümer und Ansprüche zu verteidigen. Einen Monat nach Chigis Tod schlossen die Vollstrecker seines Testaments mit der venezianischen Regierung ein Abkommen, das im wesentlichen auf deren letztes Angebot, das diese noch zu Lebzeiten Chigis gemacht und zu dem er seine Zustimmung verweigert hatte, einging.[44] Die Konfiszierung des von Chigi nach Venedig importierten Alauns und die Exkommunizierung der fünfzig Venezianer sollten damit aufgehoben werden. Auch die Juwelen sollten an die venezianische Regierung zurückgehen, die ihrerseits Chigis Erben die Summe von 20 000 Dukaten bezahlen mußte; das Monopol des Alauns aus Tolfa sollte um ein weiteres Jahr verlängert werden, währenddessen ein Cantaro noch immer zum Preis von 20 Dukaten verkauft werden konnte. Doch nur wenige Monate später wurde auch dieses Abkommen zugunsten Venedigs geändert; man kam überein, daß die Sonderstellung von Chigis Alaun auf dem venezianischen Markt gegen eine Zahlung von 2 000 Dukaten mit sofortiger Wirkung aufgehoben wurde. Danach findet sich in den venezianischen Archiven keine weitere Eintragung über diese Angelegenheit mehr.

VI

JULIUS II.: CAESAR UND STATTHALTER CHRISTI AUF ERDEN

Als Julius II. im Sommer 1511 seine Heilige Liga gegen Frankreich schmiedete, überwachte Erasmus gerade den Druck seines viel gelesenen Buchs *Das Lob der Torheit*. In diesem geistreichen und zugleich vernichtenden Angriff auf die Eitelkeit des Menschen, seine Habgier, den Ehrgeiz, die mangelnde Vernunft, den Glauben an das weltliche Wissen und das Unvermögen, seine wahren Interessen zu erkennen, dominieren vor allem zwei Themen: Das eine ist die Abkehr der Kirche von den Idealen ihrer Begründer, das heißt ihre Einmischung in weltliche Angelegenheiten und ihre Vorliebe für Pomp und Reichtum. Das andere Thema ist das menschliche Streben nach Macht und Beherrschung anderer und der Einsatz von Gewalt zur Durchsetzung dieser Ziele. Bei der Verurteilung des Krieges scheint vor allem Erasmus selbst und weniger die Torheit zu sprechen: »Nun ist der Krieg eine so fürchterliche Roheit, daß er den Bestien, aber nicht den Menschen ansteht, ist ein so toller Wahnsinn, daß auch die Dichter ihn von den Furien gesandt sein lassen, ist eine so verheerende Pest, daß er alles, was das sittliche Leben verseucht, auf die Menschheit mit einmal losläßt, ist eine so brutale Gewalttat, daß die schlimmsten Räuber ihn gewöhnlich am besten führen, ist ein so widergöttliches Tun, daß er mit Christus nicht das geringste zu schaffen hat.«[1]

Bereits in seinen frühen Jahren war Erasmus ein entschiedener Kriegsgegner; sein Pazifismus wurde durch das, was er in den drei Jahren von 1506 bis 1509 während seines Italienaufenthaltes gesehen und erlebt hatte, noch verstärkt.[2] Der Krieg hatte seine Pläne zunichte gemacht und seine Studien erheblich behindert. In Bologna, das ein Zentrum der militärischen Auseinandersetzungen war, funktionierte die Universität nur noch zeitweilig, und die Universität Padua wurde nach Ausbruch des Krieges der Liga von Cambrai geschlossen. Zudem stellte Aldus, bei dem Erasmus in Venedig wohnte, den Betrieb seiner Druckerpresse ein. Erasmus befand sich, nachdem er sich einige Monate in Rom aufgehalten hatte, inmitten einer militärischen und politischen Krise und beschloß, die Stadt zu verlassen. Aus diesem Grund konnte er keinen Gebrauch von Kardinal Grimanis Angebot machen, in dessen Palast zu wohnen und in seiner Bibliothek, die viele alte Manuskripte barg, zu arbeiten. Zeit seines Lebens war Erasmus verbittert darüber, daß er die Möglichkeit verloren hatte, in Rom zu leben und in den Genuß »des hellen Lichts, der vornehmen Anlage der berühmtesten Stadt der Welt, der herrlichen Freiheit, der vielen reich bestückten Bibliotheken, der angenehmen Gesellschaft all der großen Gelehrten, all der literarischen Unterhaltungen und aller Denkmäler der Antike« zu kommen.[3]

In den Augen Erasmus' lag die Verantwortung für die Ursachen der Unruhen und der Zerstörung bei Papst Julius II. In Bologna hatte Erasmus 1506 mit eigenen Augen miterlebt, wie Julius als Triumphator in die Stadt eingezogen war. 1509 hatte Julius Erasmus gefragt, ob er sich als Papst der Liga gegen Venedig anschließen solle.[4] Er mißachtete jedoch dessen Rat, sich vom Krieg fernzuhalten, und griff statt dessen in den Konflikt ein. Für Erasmus wurde Julius II. zu einer Verkörperung des Krieges und all seiner Schrecken. In *Julius Exclusus*, das ein Jahr nach dem Tod des Papstes entstand, ließ Erasmus seiner Wut freien Lauf;[5] auch in anderen Schriften brachte er seine feindseligen Gefühle ungeschönt zum Ausdruck. In einem Brief an Papst Leo X. beispielsweise zeigte Erasmus, wenngleich in etwas vorsichtigeren Worten, seine tiefe Abneigung gegen die Politik des Vorgängers: »Sollen andere die Kriege verherrlichen, die durch das Wirken Julius' II. entstanden oder von ihm erfolgreich ausgefochten worden sind; sollen sie erzählen von den Siegen, die seine Armeen errungen haben und berichten von seinen Triumphen, die er so königlich feierte. Doch so groß der Ruhm auch immer sein mag, den sie ihm zuschreiben werden, so werden sie doch zugeben müssen, daß er für viele Menschen auch großes Elend bedeutete.«[6] Die Anspielung auf Julius' Begeisterung für Triumphzüge bezieht sich gewiß auf die Ereignisse in Bologna, deren Augenzeuge Erasmus gewesen war – auf den Gegensatz zwischen dem Leiden, das der Krieg verursacht hatte, und der offen zur Schau gestellten Freude, die ihren Ausdruck im Glanz eines triumphalen Einmarsches fand.

*

Als Erasmus sein Buch *Lob der Torheit* schrieb, arbeitete Tizian gerade in Padua an dem großen Holzschnitt *Der Triumph Christi*.[7] Er zeigt eine lange Prozession mit »endlos vielen Gestalten«, wie Vasari schreibt. Sie wird angeführt von Adam und Eva, gefolgt von den Helden der jüdischen Geschichte; man sieht Abraham, der drohend sein Schwert schwingt, und Joshua, der seinen Helm hält; die nächste Gruppe bilden die Sibyllen, die im Wind flatternde Banner tragen. Danach folgt ein Kreuzträger, an den sich ein Streitwagen, auf dem Christus fährt, anschließt. Der Wagen wird gezogen von den – in Tiergestalten symbolisierten – Evangelisten unter Mithilfe der vier Kirchenlehrer. Die Gestalten hinter Christus sind Helden aus der Geschichte des christlichen Zeitalters; besonders stark in Erscheinung treten ein riesiger Christophorus und ein St. Georg in glänzender Rüstung. Die letzten Figuren dieser Prozession, die hinter einem Tor verschwindet, sind Mönche und heilige Frauen. Die Ideen zu Tizians Holzschnitt sind unterschiedlichsten Ursprungs. Als Vorlagen dienten die *trionfi* von Petrarca, eine Prozession von Ordensbrüdern und Laiengemeinschaften, Savonarolas *Triumphus Christi* und Mantegnas *Triumphzug Caesars*. Doch auch die politische Situation – die Bildung der Heiligen Liga unter der Führung des Papstes – mag in gewisser Weise als Anregung gedient haben.

Die Kombination christlicher und heidnischer Elemente in Tizians Holzschnitt ist besonders auffällig, wenn man das Kunstwerk mit Savonarolas Beschreibung des Triumphes Christi vergleicht. In Savonarolas Darstellung trägt Christus eine Dornenkrone auf seinem Haupt und zeigt die Stigmata; in seiner Rechten hält er die Bibel, in seiner Linken das Kreuz und die Instrumente seines Leidens. Auch in Tizians Holzschnitt erkennt man die Stigmata an der rechten Hand Christi, doch trägt dieser lediglich das Zepter als Zeichen weltlicher Macht: Tizians Christus ist ein Herrscher, der nach erfolgreicher Schlacht als Triumphator in sein Reich zurückkehrt.

In Erasmus' *Lob der Torheit* und Tizians *Triumph Christi* kommen zwei unterschiedliche Auffassungen über die Funktion der christlichen Kriche zum Ausdruck. Erasmus vertrat die Ansicht, daß Priester ihr Leben nach dem Vorbild Christi und seiner Jünger gestalten sollten; in ihrer Suche nach Frieden und der Ausrichtung ihres Lebens auf die Errettung ihrer Seelen sollten sie Vorbild für alle Christen sein. Tizian hingegen stellt eine Ordnung der christlichen Welt dar, die den Weisungen der Kirche Folge leistet, an deren Spitze der Papst als Herrscher über die Res Publica Christiana steht. Diese gegensätzlichen Vorstellungen von der Natur und Funktion der Kirche sind fast so alt wie die Kirche selbst. Diese Unterschiede wurden zuweilen verschwiegen, mitunter traten sie aber auch offen zutage und führten zu Konflikten und Auseinandersetzungen.

Der Krieg der Liga von Cambrai liefert ein schlagendes Beispiel für die verwirrende Verbindung geistlicher und säkularer Interessen. Sie spielten in fast allen Angelegenheiten und Konflikten, von denen dieses Buch handelt, eine Rolle, gleichgültig ob es dabei um den Alaunpreis, das Salzmonopol, um finanzielle Sicherheiten, Seerechte, Gebietsansprüche oder Rechtsstreitigkeiten ging. Die Vermischung geistlicher und säkularer Interessen war immer schon kritisch beäugt worden; durch das Studium der griechischen und der römischen Welt und die wachsende Vertrautheit mit antiken Philosophen wurden diese Zweifel eher noch bestärkt. Nicht von ungefähr aber wuchs die Kritik in der Herrschaftszeit Julius' ganz erheblich. Wie kein anderer Papst vor ihm war er gewillt, geistliche und säkulare Waffen gleichermaßen einzusetzen.

Julius griff nach der päpstlichen Krone, als hätte sie ihm gehört, und identifizierte sich mit sämtlichen Rechten, die das Papsttum besaß und für sich reklamierte. Doch hinzu kam noch, daß der mittelalterliche Anspruch, wonach das Oberhaupt der Kirche eine absolute Autorität in geistlichen und säkularen Fragen darstellte, neuen Auftrieb erhielt durch den Glauben an die Stärke und die Macht des menschlichen Willens; ein Glaube, der seinerseits durch das wiedererwachte Interesse an der Antike gefördert wurde.

Die Rolle, die Julius dem Papsttum zuwies, verlangte die völlige Unabhängigkeit des Papstes. Die päpstlichen Staaten mußten demzufolge den anderen italienischen Staaten mindestens ebenbürtig, wenn nicht sogar stärker als diese sein. Der Einfluß ausländischer Mächte auf die Belange Italiens mußte begrenzt werden; das eigentliche Ziel aber – die Vertreibung der Barbaren aus Italien – wurde mit unermüdlicher Energie verfolgt. Julius machte das Nationalgefühl und den Appell an den Nationalstolz zu einem Bestandteil italienischer Politik. Die konkreten Angelegenheiten, die er verhandelte und für die er in den Krieg zog, waren oft untergeordneter Natur, und in seinen Forderungen konnte er zuweilen eine engstirnige Verbissenheit an den Tag legen. Seine Ziele waren von Prinzipien geleitet, über die er nicht zu verhandeln bereit war. Im Triumph wie in der Niederlage war er eine ehrfurchtgebietende Persönlichkeit, der »papa terribile«; hinter seiner Politik aber standen echte Leidenschaft und ein großes Konzept.

Dennoch war eine unvermeidbare Konsequenz der von Julius verfolgten Politik, daß sie die Hindernisse auf dem Weg zu seinen Zielen eher vergrößerte und damit ihre Durchsetzung unmöglich machte. Der unterschiedslose Gebrauch spiritueller und säkularer Waffen – so selbstverständlich er Julius auch scheinen mochte – schürte die Zweifel an der Autorität des Papsttums. Erasmus, der sich sowohl in *Julius Exclusus* als auch in *Das Lob der Torheit* über den »Blitz der Exkommuniation«[8], jenen »schrecklichen Strahl, der auf einen Wink die Seelen der Sterblichen noch unter die tiefste Hölle hinabschmettert«[9], lustig macht, bezieht hier einmal mehr eine äußerst radikale Position, indem er die Effizienz der päpstlichen Zensur vollkommen bestreitet. Für die meisten Individuen und Regierungen blieb die Exkommunikation indessen weiterhin eine sehr ernste Angelegenheit. Und da Julius sich nicht scheute, geistige Waffen in politischen Kontexten einzusetzen, schreckten auch seine Feinde nicht vor dem Gebrauch solcher Mittel zurück. Priulis Tagebuchbericht[10] von der Einberufung eines Konzils durch Ludwig XII. und der kurz darauf folgenden Einberufung des Gegenkonzils durch Julius II. gibt einen treffenden Eindruck vom Niedergang der kirchlichen Autorität: Für Priuli waren die politischen Motive hinter diesen Einberufungen so offenkundig, daß weder das eine noch das andere wirklich ein freies, wahres Konzil sein konnte. Der massive Einsatz der geistigen Waffen des Papstes schwächte auf fatale Weise dessen Anspruch, in den Konflikten zwischen den europäischen Herrschern als Vermittler und Richter auftreten zu können.

Darüber hinaus machte die Einmischung in die weltliche Politik den Papst zu einem Partisanen, denn nun mußte er sich der Unterstützung anderer Herrscher vergewissern und zog, indem er sich mit einem Teil der europäischen Staaten verbündete, die Feindschaft der übrigen auf sich. Somit hatte die päpstliche Politik Anteil an der immer größer werdenden Spaltung zwischen den europäischen Mächten und verstärkte somit die Tendenz zur Herausbildung eines Systems souveräner Staaten. Der Papst selbst förderte damit den Zerfall der Res Publica Christiana. Der Krieg der Liga von Cambrai hat ein Janusgesicht. In seinen erklärten Zielen und ideologischen Rechtfertigungen stellte er einen Rückgriff auf die Konzepte der Vergangenheit dar; ausgefochten aber wurde er mit den modernen Mitteln der Macht – Diplomatie, Finanzwesen, Heere – und wurde schließlich zu einem Kampf um das Machtgleichgewicht in einem System souveräner Staaten.

Erasmus' Hoffnung, daß ein aller weltlicher Pracht und Herrschaft entsagender Papst imstande wäre, seine Aufgabe als Friedensstifter zu erfüllen, und Tizians Vision von einer Kirche, die über die gesamte Welt herrscht, zeigen die ganze Zwiespältigkeit von Julius' Politik und verweisen auf die Notwendigkeit der Überwindung dieser Gegensätze. Die Konzepte von Erasmus und Tizian waren zu extrem, um Chancen auf Verwirklichung zu haben. Mit dem Scheitern von Julius' Bemühungen, die Barbaren aus Italien zu vertreiben, schwand auch die Möglichkeit, das Papsttum als Vermittlungsinstanz in der europäischen Politik zu etablieren. Nachdem die großen europäischen Mächte nach Italien vorgedrungen waren, konnte das Land nicht mehr länger sein eigenes Schicksal bestimmen. Vielmehr traten neue Protagonisten mit anderen Zielen auf, so daß sich das Zentrum der Handlung auf andere Schauplätze verschob. Damit wurden auch alle Hoffnungen auf die Schaffung eines neuen goldenen Zeitalters des Friedens, das sich Erasmus und viele andere von Julius' Nachfolger, Leo X., versprochen hatten, zunichte gemacht.[11] Der Papst konnte nicht riskieren, die Existenz einer Fremdherrschaft auf italienischem Boden ernsthaft infrage zu stellen. Statt dessen gab er sich damit zufrieden, für sich selbst einen gewissen Handlungsfreiraum zu bewahren, indem er die fremden Mächte gegeneinander ausspielte. Zwar blieben die Tolfa-Minen auch weiterhin sehr profitträchtig, doch war die Möglichkeit eines europäischen Alaunmonopols ein für allemal vorbei.[12] Höfische Bankiers versuchten zwar immer wieder, so reich und mächtig wie Chigi zu werden, der Kirchenstaat als Handlungsbasis war jetzt jedoch für sie zu klein, und sie orientierten sich eher nach den Höfen der großen weltlichen Herrscher Europas.

Einzig Venedig war am Ende des Krieges der Liga von Cambrai wieder in etwa derselben Position wie zu Kriegsbeginn, insofern es seine früheren Gebiete wieder zurückgewonnen hatte.[13] Wenngleich die Venezianer bemüht waren, nach wie vor als europäische Großmacht in Erscheinung zu treten, so verriet ihr Handeln doch, daß sie sehr wohl wußten, daß sie fortan nicht mehr ihren eigenen Kurs abstecken konnten. In den Kämpfen zwischen Frankreich und Spanien war das Vorgehen der Venezianer einzig von dem Ziel geprägt, auf der Seite des Stärkeren zu sein. Von diesem Zeitpunkt an lebte Venedig eher von seiner Fähigkeit, Balanceakte durchzustehen, als von seiner tatsächlichen Stärke. Um die Lücke zu schließen, die zwischen dem äußeren Glanz der Stadt und ihrem schwindenden Einfluß als europäische Macht klaffte, besannen sich die Venezianer auf die Vergangenheit und zehrten von den Bildern einstiger Größe.[14] Die Gemälde in den Ratssälen des

Dogenpalastes halfen, die Illusion ihres Weiterlebens als Großmacht wach zu halten. Doch bei genauer Betrachtung der Welt um sie herum empfanden die venezianischen Adligen auf ihrem Gang vom Senat zum Collegio vielleicht eher die Mahnung zur Vorsicht als den Aufruf zur Tat, wenn sie zu Palmas Gemälde aufblickten, das den Sieg Venedigs über die Liga von Cambrai verherrlicht.

DANKSAGUNG

Die Forschung, aus der dieses Buch hervorgegangen ist, begann, als ich mich mit den Auswirkungen des Krieges der Liga von Cambrai auf das politische und soziale Leben Venedigs beschäftigte. In diesen Zusammenhang stieß ich auf eine Reihe von Dokumenten, aus denen hervorging, daß zwischen der venezianischen Regierung und dem reichen Kaufmann Agostino Chigi Verhandlungen über ein Darlehen stattfanden. Diese Dokumente waren für die Diplomatie und die Finanzpolitik der Renaissance äußerst aufschlußreich. Mir wurde klar, daß ich die hinter diesen Dokumenten verborgene Geschichte nur dann vollkommen erschließen konnte, wenn ich meine Forschungen über Venedig hinaus auch auf die Archive und Bibliotheken von Rom und anderen italienischen Städten ausdehnte. Schließlich stellte sich heraus, daß die Geschichte den Rahmen meines ursprünglichen Projekts sprengte und gesondert behandelt werden mußte.

Wie schon bei früheren Arbeiten zur Geschichte der italienischen Renaissance schulde ich italienischen Archivaren und Bibliothekaren großen Dank. Er gilt den Direktoren, Archivaren und Bibliothekaren des Archivio di Stato, der Biblioteca Marciana und der Biblioteca Correr in Venedig; besonders hervorheben möchten ich die Hilfe, die mir die Direktorin des Archivio di Stato, Dr. Maria Francesca Tiepolo, zukommen ließ. In Rom arbeitete ich im Archivio di Stato, in der Biblioteca Vaticana und im Archivio Secreto Vaticano; mein besonderer Dank gilt dem stellvertretenden Präfekten der Biblioteca Vaticana, Monsignore Ruysschaert.

Ferner arbeitete ich, wenngleich nur kurz, in den Archivi di Stato von Florenz und Siena; hilfreiche Informationen von Professor Giuliano Catino von der Universität Siena haben mir die Arbeit in Siena einfacher gemacht. Wie schon bei früheren Anlässen stand mir Dr. Gino Corti bei, der sich in italienischen Archiven hervorragend auskennt, und ich konnte zudem auf die von ihm gemachten Kopien einiger Manuskripte zurückgreifen. Peter Partner vom Winchester College stellte mir ein interessantes Dokument aus den Archiven des Vatikan zur Verfügung. Durch dieses Dokument stieß ich auf weitere Unterlagen, die sich als äußerst nützlich erwiesen. Professor John R. Hale gab mir Einsicht in das Manuskript seiner Arbeit über die Organisation des venezianischen Militärs, so daß ich meine eigenen Aussagen auf diesem Gebiet überprüfen und korrigieren konnte.

Als ich 1975-76 die Kennedy-Gastprofessur am Smith College innehatte, konnte ich Auszüge aus diesem Buch in öffentlichen Vorlesungen, an die sich anregende Diskussionen anschlossen, vorstellen.

Mary R. Gilbert hat in vielen Stunden jedes Kapitel nach Fertigstellung sorgfältig gelesen und kritisch begutachtet; es gibt keine einzige Seite, die nicht dank ihrer Arbeit noch Verbesserungen erfahren hätte. John H. Elliott vom Institute for Advanced Study und Arno Mayer von der Princeton University haben das gesamte Manuskript gelesen und viele wertvolle Vorschläge eingebracht. Es war mir ein Vergnügen, mit der Harvard University Press, und hier vor allem mit Dr. Aida Donald, die mich beraten und unterstützt hat, zusammenzuarbeiten.

ANMERKUNGEN

I. Venedig zur Zeit des Krieges der Liga von Cambrai

1 Francesco Sansovino, *Venetia città nobilissima e singolare*, hg. v. D. Giustinian Martinioni, Venedig 1663, 334. Die von mir zitierte Beschreibung gehört zu Martinionis Ergänzungen; die ursprüngliche Ausgabe wurde 1581 veröffentlicht. Palmas Gemälde wird ferner besprochen in: Staale Sinding-Larsen, *Christ in the Council Hall*, Rom 1974, 40, 247.

2 Eine vollständige Beschreibung des Krieges findet sich bei Heinrich Kretschmayr, *Geschichte von Venedig*, II, Gotha 1920, Kap. 17. Zur päpstlichen Politik vgl. Ludwig Pastor, *Geschichte der Päpste*, VI, Buch 2, Freiburg 1923-33, Kap. 4 und 5; sowie Moritz Brosch, *Papst Julius II. und die Gründung des Kirchenstaates*, Gotha 1878, Kap. 5 und 6. Eine Darstellung der militärischen Operationen in den Jahren 1510-11 gibt Piero Pieri, *Il Rinascimento e la crisi militare italiana*, Turin 1952, 478-483. Über die Bedeutung der Schlacht von Agnadello vgl. ferner: Innocento Cervelli, *Machiavelli e la crisi dello stato veneziano*, Neapel 1974, bes. Kap. 8.

3 Zahlreiche Autoren haben sich mit den venezianischen Institutionen beschäftigt, stimmen aber nicht immer in ihren Aussagen überein, da sie sich teilweise auf unterschiedliche Zeiträume konzentrieren. Sollte meine Darstellung in manchen Details von anderen abweichen, so deshalb, weil ich mich mit der Lage im Jahr 1511 beschäftige und mich weitgehend auf die Erkenntnisse stütze, die sich mir aus den Archiven über die Funktionsweise dieser Institutionen erschlossen haben. Selbstverständlich habe ich aber auch auf die Fachliteratur zurückgegriffen. Das Standardwerk auf diesem Gebiet ist Giuseppe Maranini, *La Constituzione di Venezia*, Perugia 1931. Kurze Darstellungen der Verfassung finden sich auch bei James C. Davis, *The Decline of the Vene-*

tian Nobility as a Ruling Class, Baltimore 1962, Kap. 1; D. S. Chambers, *The Imperial Age of Venice*, London 1970, 73-80; und Sinding-Larsen, *Christ in the Council*, 120-155. Vlg. auch Frederic C. Lane, *Seerepublik Venedig*, München 1980, Darstellung der Regierungsorganisation, 649.

4 *I Diarii di Marino Sanuto*, Venedig 1879-1903, 58 Bände; im folgenden zitiert als *Sanudo* (in der Literatur wird gewöhnlich »Sanudo«, die venezianische Form von »Sanuto« gebraucht).

5 Girolamo Priuli, *I Diarii*, hg. von R. Cessi (Rerum Italicarum Scriptores, XXIV, Teil 3, Bologna 1933-1937); die späteren Teile des Tagebuchs, welche die für die vorliegende Studie wichtigen Informationen enthalten, sind noch immer unveröffentlicht. Man findet sie in der Biblioteca Correr, Provenienze Diverse, 252, bes. Band VI; im folgenden wird diese Quelle zitiert als Bibl. Correr, *Priuli*.

6 Sämtliche Schätzungen der Größe der venezianischen Bevölkerung im 16. Jahrhundert sind sehr vage; genauere Zahlen gibt es lediglich für das späte 16. Jahrhundert; das Buch von Daniele Beltrami, *Storia della popolazione di Venezia dalla fine del secolo XVI alla caduta della republica*, Padua 1954, beschränkt sich auf die letzten Jahrhunderte. Mit früheren Perioden beschäftigt sich Karl Julius Beloch, *Bevölkerungsgeschichte Italiens*, III, Berlin 1961, in seinem Kapitel »Die Republik Venedig«; Beloch kommt zu dem Schluß, daß Venedig zu Beginn des Krieges der Liga von Cambrai etwa 120 000 Einwohner hatte. Eine sorgfältige Bewertung der unterschiedlichen Schätzungen findet sich bei Davis, *Decline*, 55.

7 F. Lane hat in seinem Aufsatz »The Enlargement of the Great Council of Venice,« in *Florilegium Historiale*, hg. v. J.G. Rowe und W.H. Stockdale, Toronto 1971, 236-274, gezeigt, daß der traditionelle Begriff »closing« [Konstituierung] irreführend ist.

8 Eine detaillierte Untersuchung der Entwicklung, Zusammensetzung und Funktionsweise des Senats findet sich bei Enrico Besta, *Il Senato veneziano* (Miscellanea di Storia Veneta, Reihe 2, Band V, Venedig 1899).

9 Die beste Untersuchung dieses Amtes, besonders für die ersten Jahrhunderte seines Bestehens, gibt Reinhold C. Müller, »The Procuratores of San Marco in the Thirteenth and Fourteenth Centuries: A Study of the Office as a Financial and Trust Institution,« in *Studi veneziani*, XIII (1971), 105-220.

10 Nach Z.S. Fink, *The Classical Republicans*, Evanston ²1962, war das Sinnbild der Pyramide für die Stadt Venedig ein »Gemeinplatz der Renaissance.« Über die Entwicklung der Vorstellung von Venedig als Verwirklichung einer idealen Regierungsform vgl. mein Kapitel »The Ve-

netian Constitution in Florentine Political Thought,« in *History: Choice and Commitment*, Cambridge, Mass. 1977, bes. 182-187. Contarinis *De magistratibus et republica venetorum* war freilich das berühmteste und einflußreichste Werk, in dem Venedig idealisiert wurde; zu dessen Entstehungsdatum vgl. meinen Aufsatz »The Date of the Composition of Contarini's and Giannotti's Books on Venice,« in *Studies in the Renaissance*, XIV (1967), 176-177.

11 Im Civico Museo Correr an der Piazza San Marco befindet sich eine große Sammlung von Ämterroben; die Ausstellung und die dort gezeigten Gemälde machen die Unterschiede wesentlich deutlicher als die eher oberflächlichen Beschreibungen, die man in Büchern finden kann.

II. Chigi in Venedig

1 Sanudos Eintragungen zu Chigis Ankunft in Venedig und zu dem vom Grimani zu seinen Ehren gegebenen Bankett finden sich in *Sanudo*, XI, cols. 794, 834-835, 841.

2 Zu Chigis Beziehungen zu den Spannocchi und zu Alexander VI. und Julius II. vgl. Kapitel III dieses Buches.

3 Die Cappelli von Santa Maria Materdomini – ein Zweig dieses riesigen »Klans« – tätigten zahlreiche Bankgeschäfte. In den achtziger Jahren des 15. Jahrhunderts eröffneten die drei Brüder Andrea, Alvise und Paolo, der von 1510-11 *provveditore* war, zusammen mit Tommaso Lippomani eine Bank; 1507 gründeten die Brüder Antonio, Silvano und Vettore zusammen mit den Vendramin eine Bank, die während des Krieges der Liga von Cambrai äußerst aktiv war. Piero Cappello, der mit seinem Bruder auf Grimanis Empfang war, war verheiratet mit einer Dame aus dem Hause Vendramin. Vgl. hierzu auch die Aufsätze über die Mitglieder der Cappelli-Familie im *Dizionario biografico italiano* (fortan DBI genannt).

4 Zum folgenden vgl. auch Archivio di Stato, Venezia (im folgenden ASV genannt), *Senato terra*, reg. 16, f.146r, und reg. 17, f.30v. Zur Ansiedlung der Juden in Venedig vgl. Brian Pullan, *Rich and Poor in Renaissance Venice*, Oxford 1971, 478-481.

5 ASV, *Senato mar*, reg. 17, 10. Februar 1511, u. folgende; *Dieci misto*, reg. 33, 20. Juni 1510; ebenso *Sanudo*, XI, col. 146. Zum venezianischen Schiffstransportsystem vgl. Frederic C. Lane, »Fleets and Fairs« in seiner Aufsatzsammlung *Venice and History*, Baltimore 1966, 128-141.

6 Eine Liste der mit einem Konvoi nach Alexandria transportierten Güter findet sich bei *Sanudo*, XII, cols. 77-78.

7 Siehe ASV, *Senato mar*, reg. 17, 28. Januar 1510. Gino Luzzatto, *Storia economica di Venezia dall' XI al XVI secolo*, Venedig 1961, 248, berichtet von den Maßnahmen, die zur Abwendung einer Hungersnot ergriffen wurden, stellt aber zugleich fest, daß der Ankauf großer Getreidemengen nicht notwendig war. Statistiken über die Weizenmengen, die in den Jahren 1511 und 1512 nach Venedig importiert wurden, finden sich bei *Sanudo*, XV, col. 146.

8 Die für diesen Zusammenhang relevanten Dokumente wurden veröffentlicht in Henry Simonsfeld, *Der Fondaco dei Tedesci in Venedig*, Stuttgart 1887, I, 377ff.; siehe auch II, 120-133.

9 Siehe Sanudo, XI, col. 720.

10 Die Aussetzung von Lohnzahlungen während des Krieges der Liga von Cambrai wurde zum ersten Mal am 19. April 1509 von den Pregadi verfügt; der vollständige Text findet sich bei *Sanudo*, VIII, cols. 101-103; am 22. April wurde der Erlaß vom Großen Rat angenommen.

11 ASV, *Senato mar*, reg. 27, 27. Februar 1512.

12 Vgl. hierzu die Briefe des venezianischen Kaufmanns Martino Merlini, veröffentlicht in G. Dalla Santa, »Commerci, vita privata e notizie politiche dei giorni della Lega di Cambrai,« in *Atti del Reale Istituto di Scienze, Lettere ed Arti*, Teil 2 (1916-1917); zur Verdoppelung der Weizenpreise s. S. 1559.

13 Dalla Santa, 1559: »Non se vede ni se raxona d'altro cha di guera, morbo e charestia, ma la guera pasa el tuto, fa desmentegar el morbo, perchè l'e venuto quel tenpo che dixeva nostri antezesori, che'el vegnerà ch'el vivo averà invida al morto.«

14 Dalla Santa, 1558: »fazo pivi dela mita de la setemana senza charne, e del vin te so dir ch'el batizo in la barila.« Hinweise auf Merlinis Briefe finden sich ibd., 1549-1553, 1554-1566; zu Merlinis Plänen, sich auf dem Land niederzulassen, vgl. 1572-1573; die Geschichte mit dem Papagei steht auf S. 1576.

15 Zu den Steuerzuwächsen in den Kriegsjahren vgl. die Liste der zwischen 1500 und 1515 erhobenen Steuern bei *Sanudo*, XX, cols. 7-15.

16 S. Dalla Santa, 1563, 1572.

17 *Sanudo*, XI, col. 733.

18 *Sanudo*, XI, col. 794.

19 ASV, *Senato terra*, reg. 17, 14. Februar 1511; vgl. ebenso den kurzen Bericht bei *Sanudo*, XI, cols. 815-816.

20 Der Erlaß findet sich bei *Sanudo*, XI, cols. 796-799 (allerdings mit dem falschen Datum des 4. anstelle des 15. Februar).

21 *Sanudo*, XI, col. 841.

22 Alvise Pisani war Savio della Terra Firma von November 1508 bis März 1509 und in den Monaten Januar bis Juni während der Jahre

1510, 1511, 1512 und 1513; Lorenzo Cappello war Savio della Terra Firma von Januar bis Juni 1511, April bis September 1512 und von Januar bis Juni 1513; Piero Cappello war Savio Grande von Juli bis Dezember 1509 und von April bis September 1510. Vom rechtlichen Standpunkt war es unmöglich, »ununterbrochen« Mitglied der Savi zu sein, da man nach Ablauf einer Amtszeit bis zur möglichen Wiederwahl ebenso lange warten mußte, wie die Amtszeit gedauert hatte. Was Alvise Pisani sowie Lorenzo und Piero Cappello betraf, so wurde diese Regel auch eingehalten. Dennoch war es möglich, diese Vorschrift in Kriegszeiten zu umgehen, indem man als eine Art beigeordneter Savio unmittelbar nach Ablauf der eigentlichen Amtszeit fungierte. Dieser Sachverhalt und die dadurch hervorgerufenen Spannungen werden ausführlich auf S. 56-60 besprochen.

23 Vgl. im folgenden auch die Zusammenfassung bei *Sanudo*, VII, cols. 689-691, 697 und 705-709; die präzisen Zahlenangaben in cols. 705-709 entsprechen denen des Dokuments in ASV, *Senato terra*, vom 23. Dezember 1508. *Sanudo*, VII, col. 690, gibt an, daß sich das Kriegsbudget auf 249 000 Dukaten belief; unter Heranziehung derselben Zahlen bin ich auf die etwas geringere Summe von 235 000 Dukaten gekommen, was jedoch für den vorliegenden Zusammenhang nicht von Bedeutung ist.

24 Vgl. *Sanudo*, VII, col. 690; dies erklärt, weshalb die Zahl leicht von der in col. 706 abweicht.

25 Die Zusammensetzung der venezianischen Armee zu Beginn des Feldzugs im April 1509 wird beschrieben bei *Sanudo*, VIII, cols 149-152. Sanudos Zahlen sind etwas niedriger als die von Piero Pieri, *Il Rinascimento*, 458. Nach Pieri umfaßte die venezianische Armee bei Ausbruch der Feindseligkeiten 10 000 Reiter und 20 000 Fußsoldaten.

26 Die ausführlichste und verläßlichste Darstellung des venezianischen Steuersystems und der Entstehung seiner vielen Einzelsteuern findet sich im Publikationsorgan der Reale Commissione per la Pubblicazione dei Documenti Finanziari della Repubblica di Venezia: *Serie seconda, Bilanci generali*, I, Venedig 1912. Die Decima wird ausführlich besprochen in der Einleitung, CXLVIII-CLIII, und die verschiedenen Monti auf den Seiten CXCI-CXCII. Über die *tansa*, eine Ergänzungssteuer zur Decima siehe CLVII; diese wurde auf der Grundlage des gesamten Besitzes einer Einzelperson oder einer Familie berechnet und konnte bis zu einem »Darlehen« in Höhe von 300 Dukaten gehen. Diese Zusatzsteuer wurde während des Krieges der Liga von Cambrai mehrmals erhoben und stieß auf heftigen Widerstand. Ein genauer und klarer Überblick über die Finanzpolitik der venezianischen Republik findet sich bei Gino Luzzatto, *Storia economica di Venezia dal XI*

al XVI secolo, Venedig 1961, 207-213, 238-239. Luzzatto in *Storia economica*, 211-212, und Lane in *Seerepublik Venedig*, 391, versuchen, den Haushalt der venezianischen Republik zu rekonstruieren; ihre Bemühungen basieren auf den *Bilanci generali*, 171-173. Der große Unterschied zwischen Luzzatto und Lane erklärt sich daraus, daß Lane die Einkünfte vom Festland und von den Besitztümern in Übersee miteinbezogen hat. Es fällt mir schwer zu glauben, daß die Venezianer vor dem Jahr 1509 einen jährlichen Überschuß von 620000 Dukaten für Sonderausgaben (Krieg) zur Verfügung gehabt haben sollen. Ich vermute, daß bei diesen Rekonstruktionen des Budgets die Einkommenszahlen zu hoch und die Ausgaben zu niedrig veranschlagt wurden.
Eine Dukate enthielt 3,55 Gramm reines Gold. Ein Adliger mit einem Jahreseinkommen von weniger als 1000 Dukaten galt als vergleichsweise arm. Andererseits aber gab es einen enormen Unterschied zwischen den Einkommen der Adligen und dem der arbeitenden Bevölkerung. So verdiente ein ungelernter Arbeiter beispielsweise zwischen 15 und 20 Dukaten jährlich, ein gelernter Handwerker höchstens 50 Dukaten. Vgl. Lane, *Seerepublik Venedig*, 512f.

27 Zur Steuererhebung in den Jahren 1500-1515 vgl. *Sanudo*, XX, cols. 7-15; auch wenn Sanudos Statistiken nicht verläßlich sind, so stimmt doch das Verhältnis zwischen den Jahren vor 1509 und den Jahren danach. Vgl. generell zum Versuch, die Steuereinkünfte zu erhöhen, meinen Aufsatz »Venice in the Crisis of the League of Cambrai«, in *History: Choice and Commitment*, 269-291.

28 Zu den ersten einschneidenden Maßnahmen hinsichtlich des Ämterverkaufs vgl. *Sanudo*, X, cols. 37-39, 44; die Namen derer, die sich durch Zahlungen Zugang zu den Pregadi verschafften, finden sich in ASV, *Dieci misto*, reg. 33, letzte Seite; zur Senkung des Beitrittspreises siehe ibd., 4. September 1510, f. 132v.

29 Die Zitate aus den Berichten von Gritti und Cappello stammen aus ASV, *Provveditor general in terra firma, Gritti 1510*, Bd. 27, 28 (fortan *Gritti* genannt). Obgleich dieser Band *Gritti* betitelt ist, enthält er auch Berichte von Cappello aus der Zeit, als die Armee aufgestellt wurde und Cappello und Gritti zusammen waren; für die Zeit nach der Teilung der Armee beschränkt sich der Band auf Grittis Berichte. Cappellos Berichte sind nicht erhalten, aber aus Unterlagen wie *Dieci misto* und aus Sanudos *Diarii* lassen sich gewisse Rückschlüsse auf ihren Inhalt ziehen.

30 *Sanudo*, XI, col. 561.

31 *Gritti*, Bd. 28, f.59r, 29. Oktober 1510.

32 *Gritti*, Bd. 28, f.115, 27. November 1510.

33 *Gritti*, Bd. 28, f.143v, 9. Dezember 1510.

34 *Gritti*, Bd. 28, f.208, 15. Januar 1511.
35 *Gritti*, Bd. 28, f.159ff., 14. Dezember 1510.
36 Ab Ende Januar brachte Gritti seine Sorge zum Ausdruck, daß die Truppen sich auflösen könnten, falls sie keine regelmäßigen Zahlungen erhalten sollten; am detailliertesten über die Drohung der *condottieri* zu meutern, berichtet *Gritti*, Bd. 29, am 2. April 1511. *Sanudo*, XII, col. 72, vermerkt, daß ähnlich lautende Berichte von Befehlsverweigerungen unter den Soldaten auch von Cappello eintrafen.
37 Siehe Bibl. Correr, *Priuli*, VI, f.123v-124r.
38 *Priuli*, f.109r.
39 *Priuli*, f.111r-112r. Ich gebe eine etwas gekürzte Fasssung von Priulis langen und sich häufig wiederholenden Erörterungen.
40 Zu den Zahlungen an Cappello im März siehe ASV, *Dieci misto*, reg.34, 19. und 27. März 1511; diese Verordnungen legten auch fest, welche Sicherheiten die Bankiers für ihre Darlehen bekommen sollten. Da Cappellos Berichte nicht erhalten sind, können wir nicht wissen, ob er auch aus anderen Quellen Geld bekam; dies ist aber eher unwahrscheinlich. Gritti sollte, gemäß ASV, *Dieci misto*, 3. Januar, f.174r, 3 000 Dukaten von den Bankhäusern Pisani und Cappello-Vendramin erhalten; in einer Eintragung vom 13. Januar (*Gritti*, f.205v) sagt er, er sei in der Lage gewesen, den »Gente d'arme«, nicht aber den »governatore« zu bezahlen. In allen weiteren Berichten hebt er stets seine Finanznöte hervor. Anfang März, f.323r, gibt Gritti eine Art Bilanz der Zahlungen, die er in den Monaten Januar und Februar erhielt – der Betrag beläuft sich auf 8 627 Dukaten. Es muß an dieser Stelle gesagt werden, daß die Informationen über die Gelder, welche den *provveditori* übermittelt wurden, unvollständig sind, so daß wir auf verschiedene Quellen zurückgreifen müssen, die nicht vollkommen übereinstimmen. Einerseits geben uns die Erlasse des Rates der Zehn darüber Auskunft, wann die Darlehen verfügbar und durch welche Sicherheiten sie gedeckt waren; diese Transaktionen bedurften der Billigung durch den Rat. Andererseits können wir auf Grittis Berichte zurückgreifen; eine vorsichtige (wobei »vorsichtig« hier eher zu hoch als zu niedrig meint), auf diesen Quellen basierende Schätzung läßt den Schluß zu, daß sich die monatlichen Zahlungen an die Armeen im Feld in den ersten Monaten des Jahres 1511 auf 25 000 Dukaten beliefen. Die Pisani-Bank gab der Regierung auch auf anderen Sektoren Vorschüsse.

Professor John R. Hale war so freundlich, mich das Manuskript seiner Arbeit »Venice, the Military Organization of a Renaissance State, 1509-1617« lesen zu lassen; darin finden sich Schätzungen über die Höhe der monatlichen Zahlungen.

Aufgrund der verschiedenen Aussagen, welche die einzelnen Quellen machen, sind diese Schätzungen Hale zufolge sehr grob und können allenfalls Näherungswerte darstellen. Nach Hale beliefen sich die Zahlungen im Jahr 1511 auf 538 400 Dukaten; diese Summe schließt aber alle venezianischen Streitkräfte mit ein und bezieht sich nicht nur auf die in Norditalien gegen Frankreich kämpfenden Armeen. Hinzugefügt werden muß außerdem, daß die in den ersten vier Monaten des Jahres 1511 benötigten Beträge niedriger als die der Sommermonate und der übrigen Jahreszeiten waren, da die Armee im Juli und im August von 11 000 auf 16 000 Mann aufgestockt wurde. Man könnte den Schluß ziehen, daß sich die monatlichen Auslagen für die gegen Frankreich kämpfenden Truppen zu dem Zeitpunkt, als die Verhandlungen mit Chigi stattfanden, auf 25-30 000 Dukaten beliefen. 40 000 Dukaten hätten dann die Kosten für etwa sechs Wochen bis zwei Monate gedeckt. Während dieser Zeit hätten demzufolge keine neuen Steuern erhoben werden, und die venezianischen Patrizier auch keine Zwangsdarlehen erbringen müssen. Auch hätte man den unter großem Druck stehenden Bankiers von den Sicherheiten, die ihnen gegeben worden waren, zumindest Teilrückzahlungen für ihre Vorschüsse geben können. Hieraus erklären sich die besondere Attraktivität von Chigis Angebot für die venezianischen Herrscher sowie Äußerungen von Männern wie Girolamo Priuli, die glaubten, der Fortbestand Venedigs sei von dem Vertragsschluß abhängig. Zugleich ist dies ein treffendes Beispiel dafür, daß die für die gesamte Periode charakteristische Finanzierung quasi von der Hand in den Mund erfolgte.

41 Die Gerüchte über einen Friedensschluß auf Kosten Venedigs waren weit verbreitet. Vgl. hierzu beispielsweise den Bericht des florentinischen Botschafters im französischen Hauptquartier in Mailand am 21. März 1511; dieser hatte vom spanischen Botschafter an der Kurie gehört, daß es gar keine wirklichen Konflikte zwischen dem König von Frankreich, Maximilian und dem Papst gebe und daß die einzigen Schwierigkeiten in den Feindseligkeiten des Papstes gegen den Herzog von Ferrara und den Konflikten zwischen Maximilian und Venedig bestünden; jedoch müßte der König von Frankreich in der Lage sein, den Herzog von Ferrara zum Nachgeben zu bewegen, und der Papst seinerseits könnte Venedig zu Zugeständnissen zwingen – Archivio di Stato, Firenze (fortan ASF genannt), *Signori, X di balia, VIII di practica: Legazioni e commissarie: Missive e responsive*, reg. 70, f.146v. Tatsächlich war Julius II. wahrscheinlich nicht bereit, Frieden mit Frankreich zu schließen, doch wurde allgemein eine Einigung zwischen Matthäus Lang, dem Bischof von Gurk und Unterhändler Maximilians

und dem Papst erwartet: Demzufolge hätte Venedig lediglich die Städte Padua und Treviso auf dem Festland zurückbekommen und Maximilian Tribut bezahlen müssen (Bericht vom 17. April 1511, f.157, im selben Band).

III. Der Vertrag

1 *Sanudo*, XII, col. 14.
2 Eine detaillierte Darstellung des Monopols der Tolfa-Alaunminen im christlichen Europa und Chigis Rolle als »Pächter« dieser Minen findet sich im folgenden Kapitel.
3 *Sanudo*, XII, col. 77.
4 Ausführliche zeitgenössische Beschreibungen des Erdbebens finden sich bei *Sanudo*, XII, cols. 79-84 und 87, sowie in Bibl. Correr, *Priuli*, VI, ff.129r-131v.
5 Zu Giustiniani und Quirino und deren Kreis, zu dem auch der spätere Reformkardinal Contarini gehörte, vgl. meinen Aufsatz »Religion and Politics in the Thought of Gasparo Contarini,« in *History: Choice and Commitment*, 247-267. Im Dezember 1510 brach Giustiniani von Venedig nach Camaldoli auf; Quirino folgte ihm zehn Monate später.
6 Bezüglich des Erlasses gegen Homosexualität siehe ASV, *Dieci misto*, reg. 34, 27. März 1511, ff.64v-65r; über die Maßnahmen gegen die Juden berichtet *Sanudo*, XII, cols. 98-99, 110-111.
7 *Sanudo*, XII, col. 85.
8 *Sanudo*, XII, col. 117
9 In Bibl. Correr, *Priuli*, VI, ff.153v-156r, werden ausführlich Argumente besprochen, die in den Debatten der Räte und der Pregadi für und gegen das Abkommen mit Chigi fielen. Priuli mochte das Abkommen zwar nicht, glaubte aber dennoch an die Notwendigkeit des Vertragsschlusses. Meine Beschreibung basiert – durch Zitate gestützt – auf der Darstellung Priulis.
10 Grimani und Corner waren führende *papalisti*, d.h. venezianische Adlige, die aufgrund ihrer engen Beziehungen zu Amtsträgern der Kurie den großen Rat verlassen mußten, sobald die Sprache auf die Beziehungen zum Papst kam. Eine Liste der *papalisti* zu Beginn des Jahres 1509 findet sich bei *Sanudo*, VII, cols. 734-735; sie enthält auch viele Namen, die wir später unter den Befürwortern des Vertrags mit Chigi wiederfinden werden: Piero Diedo, Batista Boldù, Bernardo Bembo, Niccolò Michiel, Zacaria Gabriel, Antonio Cappello usw.
11 Die Informationen über die Mitgliedschaft im Rat der Savi stammen aus den Unterlagen des Senato Terra.

12 Siehe *Sanudo*, III, bes. col. 389; zu diesem Zeitpunkt hatte Antonio Tron eine führende Stellung unter den venezianischen Herrschern inne.

13 Zu Grimanis einsamer Rückkehr aus dem Exil vgl. *Sanudo*, VIII, col. 555, sowie 411.

14 Näheres über die Auseinandersetzungen zwischen Grimani und Tron vor den Pregadi, bei denen Tron regelmäßig überstimmt wurde, findet man bei *Sanudo*, IX, cols. 242, 275, 281/2, 344, 441; X, cols. 8, 25. Zum Verhältnis Grimani-Tron siehe auch Robert Finlay, »Venice, the Po Expedition, and the End of the League of Cambrai, 1509-1510,« in *Studies in Modern European History and Culture*, II (1976), 37-72. Finlay schätzt Grimani als Anführer einer für den Krieg eingestellten Partei ein, Tron hingegen als Vertreter einer moderateren Richtung.

15 *Sanudo*, VIII, col. 254.

16 *Sanudo*, VIII, col. 284.

17 Siehe *Sanudo*, IX, col. 461.

18 ASV, *Senato terra*, reg. 16, f.133v.

19 Grimani und Corner wirkten immer wieder als Savi Grandi; Domenico Trevisan war beigeordnetes Mitglied; Tron und Corner gehörten zur selben Gruppe von Prokuratoren. Es ist offenkundig, daß eine Gesetzesänderung unumgänglich war, wenn alle drei – Grimani, Corner und Trevisan – oder zumindest zwei von ihnen im Rat der Savi verbleiben sollten.

20 Siehe ASV, *Senato terra*, reg. 17, 11. Juli 1511, f.80v; *Sanudo*, XII, cols. 283, 287.

21 *Sanudo*, XII, col. 288: »Fe' mal, judifio meo.«

22 Zum Vorschlag von Tron und Delfin vgl. ASV, *Senato terra*, reg. 17, 12. September 1511, f.105v; Delfins Widerstand gegen die Grimani-Gruppe wird aus seinen Interventionen bei den Pregadi ersichtlich – siehe *Sanudo*, Index. Im Mai 1511 war Delfin jener Savio, der den Vertrag mit Chigi nicht unterstützte; siehe ASV, *Senato secreta*, reg. 44, 15. Mai 1511.

23 *Sanudo*, XII, col. 136.

24 *Sanudo*, XII, col. 139.

25 *Sanudo*, XII, col. 163.

26 Eine kurze Zusammenfassung dieser Ereignisse findet sich bei *Sanudo*, XII, col. 164; ausführlich beschrieben werden sie in ASV, *Senato secreta*, reg. 44, 7. Mai 1511. Es muß jedoch hinzugefügt werden, daß die drei bei Sanudo erwähnten Namen der Unterhändler nicht mit jenen in *Senato secreta* übereinstimmen (dort ist die Rede von Domenico Trevisan und Alvise Mocenigo anstelle von Giorgio Corner und Pietro Lando). Laut *Senato secreta* fand die Wahl erst am 8. Mai statt; möglicherweise gab Sa-

nudo die Namen von Personen an, die zwar am 7. Mai gewählt, dann aber abgelehnt wurden; *Senato secreta* gibt hier lediglich die Endresultate wieder.

27 Siehe *Sanudo*, XII, col. 173.

28 ASV, *Senato secreta*, reg. 44, 12. Mai 1511; *Sanudo*, XII, col. 174.

29 ASV, *Senato secreta*, reg. 44, 15. Mai 1511, *Sanudo*, XII, col. 179.

30 Siehe ASV, *Senato secreta*, reg. 44, besonders unter dem 12. Mai 1511; in dem Memorandum findet sich eine Bescheibung der unterschiedlichen Angelegenheiten. Zum genauen Verständnis der Vereinbarungen ist die lange Besprechung in Bibl. Correr, *Priuli*, VI, ff. 196r-197v, sehr hilfreich; hierauf stützt sich auch meine Analyse der Verträge. Kopien der juristischen Dokumente kann man einsehen in ASV, *Libri commemoriali*, XIX, Nr. 196 und 197.

31 Der in den Dokumenten für das Gewichtsmaß verwendete Name ist *miara* (ein Gewicht von 1000 Pfund); später wird für dieselbe Menge Alaun der weitaus geläufigere, auch von mir verwendete, Terminus *Cantaro* genannt. Das mit einem Cantaro bezeichnete Gewicht ist in manchen Regionen Italiens verschieden, beträgt jedoch in der Regel etwas weniger als 50 Kilogramm (in den norditalienischen Gegenden gewöhnlich 47 Kilogramm). Die Dukaten werden – erwartungsgemäß – als *ducati d'oro* bezeichnet. 7000 Cantari stellten ein Viertel der Jahresproduktion der Tolfa-Minen dar. Siehe Jean Delumeau, *L'Alun de Rome XV-XIX siècle* (École Pratique des Hautes Études – VI section, Centre de Recherches Historiques: Ports, routes, trafics, XIII; Paris 1962), 134.

32 *Sanudo*, XII, col. 187.

33 Bibl. Correr, *Priuli*, VI, f.324v, verfaßt im August.

34 ASV, *Senato secreta*, reg. 44, 17. Mai 1511.

35 Die in meinem Buch geschilderten Ereignisse werden ausführlich besprochen von Pastor, *Geschichte der Päpste*, sowie von Brosch, *Papst Julius II*. Die vielleicht gründlichste Analyse der Haltung Julius' II. in dieser Krise gibt Francesco Guicciardini in seiner *Storia d'Italia*, Buch IX; das Epitaph zum Tode des Kardinals von Bologna stammt aus Buch IX, Kap. 18.

36 Zu »Oratori in Curia«, 16. Juni 1511, siehe ASV, *Senato secreta*, reg. 44; ebenso Bibl. Correr, *Priuli*, VI, f.277v.

37 Ibd., f.246r.

38 Ibd., f.271v.

39 Ibd., f.259r.

40 Ibd., f.313r.

41 ASV, *Senato secreta*, reg. 44, »Oratori in Curia«, 14. und 15. Juli 1511, gibt Auskunft darüber, was der Botschafter von den Verhandlungen

des Papstes berichtete; die Berichte des venezianischen Botschafters von der Kurie sind nicht erhalten.

42 *Sanudo*, XII, cols. 299, 327. Nach Guicciardini, Buch IX, Kap. 18, verlangte Julius II. unmittelbar nach dem Fall von Bologna die Rückzahlung des Geldes, das er früher schon den Schweizern nach Venedig geschickt hatte; dies geschah jedoch nicht. Es ist daher bezeichnend, daß der Papst nun entschied, das Geld solle in der ursprünglich vorgesehenen Weise verwendet werden. Zur Überweisung der 5 000 Dukaten an Pisani, der 5 000 Dukaten an Cappello-Vendramin und der 10 000 Dukaten, die an Chigi von Rom nach Venedig für die Schweizer transferiert wurden, siehe Bibl. Correr, *Priuli*, VI, f.205v.

43 *Sanudo*, XX, cols. 314-318, verzeichnet einige der – in kleinen, verspäteten Raten geleisteten – Zahlungen an die Truppen im Frühjahr und im Sommer.

44 Bibl. Correr, *Priuli*, VI, f. 326v, geschrieben im August 1511.

45 Ibd., f.306v, geschrieben im Juli 1511. Auf dieser Seite und den vorausgehenden ff.304v-305r, ist die Verzweiflung der Venezianer über die finanzielle und militärische Lage bildlich dargestellt.

46 Ibd., f.306r, v. Hier findet sich eine längere, im Juni 1511 verfaßte Abhandlung über den Niedergang der Moral in Venedig.

47 *Sanudo*, XII, cols. 277-278.

48 Johannes Wilde, *Venetian Art from Bellini to Titian*, Oxford 1974, bes. Kap. 3 und 4.

49 In kunstgeschichtlichen Darstellungen kann man mitunter lesen, Tizian sei nach Padua gegangen, weil die Stadt damals sicherer war als das belagerte Venedig; es handelt sich hierbei jedoch um ein völliges Mißverständnis. Wenn das Leben irgendwo unsicher war, dann in Padua im Jahr 1511.

50 Bibl. Correr, *Priuli*, VI, f.306v; siehe auch *Sanudo*, XII, col. 336. Er war einer von denen, die Chigi als Sicherheit für sein Darlehen Bürgschaften gaben.

51 Siehe ASV, *Dieci misto*, reg. 34, 16., 17., 26. und 29. Juli sowie 15. September; vgl. auch *Sanudo*, XII, col. 291.

52 Seltsamerweise finden sich in den venezianischen Archiven keinerlei Anhaltspunkte für die Affäre Franza, zumindest nicht für die Zeit, nachdem er aus Cattaro nach Venedig zurückgebracht worden war (die Briefe an den Befehlshaber von Cattaro, in denen die Rückkehr Franzas nach Venedig verlangt wurde, finden sich in den Archiven; abgedruckt sind sie bei *Sanudo*, XII, cols. 151-153). Meine Darstellung basiert daher auf *Sanudo*, XI, cols. 814, 834, 835; XII, cols. 120, 168, 280, 286, 287, 289, 300, 305, 320; XVI, col. 524.

53 In der Biblioteca Vaticana, *Archivio Chigi*, arm. 290, no. 11451, befindet sich ein Abkommen zwischen Franza und Chigi mit Datum vom 28. August 1513. Es geht darin um einen auf 4000 Dukaten geschätzten Tuchhandel. Mir scheint, es handelte sich hierbei um die verschleierte Rückzahlung von Franzas Schulden und möglicherweise auch um eine Bedingung für seine Freilassung aus dem Gefängnis; doch ist dies reine Spekulation. (Die Abkürzung »arm.« steht für Armadio, den großen Schrank, in dem die Dokumente im Vatikan aufbewahrt werden.

54 Die einschlägigen Dokumente findet man in ASV, *Libri commemoriali*, XIX, nos. 197, 201-204, 238. Man sollte vielleicht hinzufügen, daß die venezianische Regierung am 21. Mai 1511, unmittelbar nach der grundsätzlichen Billigung des Vertrags, den Import jeglichen Alauns, das nicht unter die vertragliche Regelung mit Chigi fiel, untersagte; ASV, *Dieci misto*, reg. 34, 21. Mai 1511.

55 Bibl. Correr, *Priuli*, VI, f.334r.

56 Beispielsweise ibd., f.26r.

57 Ibd., f.343r. Obgleich Priuli mehrmals sagte, es falle ihm schwer, den Vertrag mit Chigi zu erklären, ist seine Erläuterung des Abkommens und der Veränderungen, die sich zwischen dem im Mai geplanten Vertrag und der Endfassung vom August ergaben, äußerst erhellend; siehe ibd., ff.324r, 325r, v, 342v-344r.

58 *Sanudo*, XII, col. 324; die Mitglieder der Familie Tron, die den Vertrag angriffen, waren Sante Tron und Luca Tron, der Sohn von Antonio.

59 Siehe Bibl. Correr, *Priuli*, VI, f.333v; *Sanudo*, XII, col. 336.

60 Eine vollständige Liste jener fünzig Senatoren findet sich in ASV, Libri commemoriali, XIX, Nr. 201.

61 Bei diesen Geschäften trat Besalù als Vertreter Chigis auf; siehe beispielsweise ASV, *Dieci misto*, reg. 34, 14. August 1511. Ebenso *Sanudo*, XII, col. 376.

62 *Sanudo*, XII, col. 342.

63 Sanudo berichtet von der Abreise Chigis in derselben Ausführlichkeit wie von dessen Ankunft; XII, cols. 378, 393.

IV. Chigi in Rom

1 Die von Fabio Chigi verfaßte Biographie wurde von Giuseppe Cugnoni veröffentlicht in *Archivio della R. Società Romana di Storia Patria*, II (1879), 46-83. Cugnoni fügte ein Vorwort hinzu und erweiterte erheblich die Kommentare, die wertvolle Materialien aus den Chigi- sowie aus öffentlichen Archiven enthalten; siehe *Archivio della R. Società Romana*, II, 37-45, 209-226, 475-490; III (1880); 213-232,

291-305, 422-448; IV (1881); 56-75, 195-216; VI (1883), 139-172, 497-539. Diese von mir sehr exzessiv genutzten Materialien werden im folgenden als *Cugnoni* zitiert.

2 Siehe beispielsweise Melissa M. Bullard, »Mercatores florentini romanam curiam sequentes,« in *Journal of Medieval and Renaissance Studies*, VI (1976), 51-71.

3 Siehe hierzu den wichtigen Artikel von Clemens Bauer, »Studi per la Storia delle finanze papali durante il pontificato di Sisto IV,« in *Archivio della R. Società Romana*, L (1927), 319-400; A. Gottlob, *Aus der Camera Apostolica des 15. Jahrhunderts*, Innsbruck 1889, vermittelt eine wertvolle Übersicht über das gesamte Finanzsystem der Kurie, wenngleich er sich eigentlich mit einer etwas früheren Periode beschäftigt. Die beiden Bände von Walther von Hofmann, *Forschungen zur Geschichte der kurialen Behörden vom Schisma bis zur Reformation*, Rom 1914, sind für die hier erörterten Fragen kaum von Belang. Jean Delumeau, *Vie économique et sociale de Rome dans la seconde moitié du XVI siècle* (BEFAR, CLXXXIV; Paris 1959) untersucht eine spätere Situation, in welcher die Finanzverwaltung des Kirchenstaates zu anderen Mitteln – nämlich den Monti – anstelle der Steuerverpachtung griff. Dennoch ist sein Kapitel 2 aus Teil III, »Difficultés financières de la papauté,« wichtig, da es einen Überblick über die gesamte Lage gibt und den fragmentarischen Charakter der Quellenlage bespricht; dies erklärt auch, weshalb das Thema der päpstlichen Finanzen so schwer präzise zu behandeln ist.

4 Neben Bauer, »Studi,« 325ff, siehe auch Aloys Schulte, *Die Fugger in Rom*, I, Leipzig 1904, bes. Kap. 2 und 3.

5 Ab dem 15. Jahrhundert spielte jener Teil des päpstlichen Einkommens, mit dem die italienischen Bankiers vorwiegend beschäftigt waren, nämlich die Einkünfte aus den päpstlichen Staaten, eine entscheidende Rolle im Budget. Siehe hierzu Wolfgang Reinhardt; *Papstfinanz und Nepotismus unter Paul V.* (1605-1621), (Päpste und Papsttum, VI, Teil 1, Stuttgart 1974), 1, sowie Peter Partner, »The Budget of the Roman Church,« in *Italian Renaissance Studies*, hg. von E.F. Jacob, London 1960, 256-278.

6 Eine allgemeine Darstellung neueren Datums zur Praxis der Steuerverpachtung findet sich in *The Cambridge Economic History of Europe*, III, Cambridge 1963, 437-438. Bei Partner, »The Budget,« 276, Eintragung auf fo. 597, finden sich Beispiele für Vorschüsse, die von Steuerpächtern vergeben wurden, sowie für die Rückzahlung dieser Vorschüsse in Form von Abzügen von den Jahreszahlungen, welche die Steuerpächter an die Kurie abführen mußten.

7 Kap. 10 des ersten Teils von Burckhardts *Kultur der Renaissance in Italien*.

8 Unter Julius II. und Leo X. war Neapel von der Zahlungspflicht entbunden und mußte lediglich ein Pferd als Tribut abgeben; siehe Moronis *Dizionario storico-ecclesiastico*, XIII, »Chinea.« 1525 jedoch, unter Clemens VII., wurde Neapel mit einem Zensus von 7000 Dukaten geführt; siehe Partner, »The Budget«, 275. Hinsichtlich der von Ferrara und Urbino entrichteten Tribute stütze ich mich auf die Zahlen von Bauer, »Finanze papali,« 389-390; Partners Zahlen weichen zwar etwas ab, doch ist das von Bauer veröffentlichte Budget, 349-392, genauer und etwas näher an der Zeit, mit der wir uns beschäftigen. Ohnehin sind Unterschiede bei den Zahlenwerten nahezu unvermeidbar, da es sich eher um Schätzungen als um genaue Berechnungen handelt. Wie schwierig es ist, genaue Zahlen zu bekommen, läßt sich ersehen bei Partner, »The Budget,« 270-273. Für die Zeit vor 1530 sind nur sehr wenige, chronologisch weit verstreute Schätzungen des Budgets überliefert (bzw. es wurden überhaupt nur wenige Schätzungen gemacht). Diese wurden mit großer Sorgfalt in den bereits erwähnten Veröffentlichungen von Bauer, Gottlob und Partner analysiert. Ich habe mich weitgehend auf deren Schriften verlassen, jedoch noch weiteres Material, das ich in den Archiven des Vatikan studiert habe, hinzugefügt.

9 Eine knappe Darstellung der verschiedenen römischen Steuern findet man bei Bauer, »Finanze papali,« 338.

10 Diese Dogana delle Merce wurde auch Dogana di S. Eustachio genannt, da sich das Amt in der Nähe der Kirche San Eustachio befand. Nach Augustin Theiner, *Codex diplomaticus dominii temporalis santae sedis*, Rom 1862, III, f.506, wurde sie unter Innozenz VIII. für 8000 Dukaten verpachtet.

11 Dogana di Ripa.

12 Dogana delle Grascie bzw. Grascia.

13 Dogana delle Pecore bzw. dei Pascoli. Eine interessante Abhandlung über diese Steuer findet man bei A. Anzilotto, »Cenni sulle finanze del patrimonio di San Pietro,« in *Archivio della R. Società Romana*, XLII (1919), 365-375.

14 Zur Gabella Studii siehe D.S. Chambers, »Studium Urbis and Gabella Studii: The University of Rome in the Fifteenth Century,« in *Cultural Aspects of the Italian Renaissance*, hg. von C. Clough, Manchester 1976, 68-110.

15 Dessen Titel war Depositorio Generale.

16 Zur Weinsteuer der Stadt Bologna, welche an die aus dieser Stadt kommenden Brüder Casali ging, siehe beispielsweise *Archivio Secreto Vaticano* (im folgenden abgekürzt A.Vat.).

17 Über die Höhe des Einkommens aus der Salzsteuer in den beiden »Budgets«, die in die Amtszeit von Papst Sixtus IV. fielen, liegen ge-

naue Zahlen vor; eines wurde von Gottlob, *Camera Apostolica*, 253-255, das andere (dessen Datierung auf die Jahre 1480/81 fällt) von Bauer, »Finanze papali,« 349-392 veröffentlicht. Weitere Zahlen finden sich in einem sehr interessanten Dokument – dem Bericht des scheidenden Schatzmeisters, Kardinal Francesco Borgia, an dessen Nachfolger Hadrian de Castello, vom 28. Oktober 1500, A. Vat., arm. XXXIV, Band 11, f.333r-3336v (Peter Partner war so freundlich und hat mir eine von ihm gemachte Kopie zur Verfügung gestellt). Zwar stimmen die Zahlen in diesen drei Quellen nicht überein, da sie sich auf verschiedene Zeiträume beziehen, doch für unseren Zusammenhang ist lediglich von Bedeutung, daß sie im Verhältnis der verschiedenen Steuern untereinander übereinstimmen. G. steht für die Zahl aus dem von Gottlob veröffentlichten Dokument, B. für das von Bauer und V. für das Dokument aus den Archiven des Vatikan. Partner hat in seinem Aufsatz »The Budget«, 275-278, ein Budget aus dem Jahr 1525 veröffentlicht, doch werden die einzelnen Steuern in diesem Dokument derart summarisch behandelt, daß es nicht für eine vergleichende Analyse herangezogen werden kann. Für die ertragreichste aller Steuern, die römische Salzsteuer, gibt es folgende Zahlen: G.: 18000 Dukaten; B.: 21000 Dukaten; V.: 14000 Dukaten.

18 G.: 12000 Dukaten, B.: 15000 Dukaten, V.: 15000 Dukaten.

19 B.: 10500, V.: 10000.

20 G.: 8000, B.: 12000 (zusammen mit der Steuer für Weizen), V.: 13000; diese Zahlen sind ungewiß, da sie sich in den einzelnen Quellen aus verschiedenen Posten zusammensetzen.

21 G.: 16000, B.: 10000, V.: keine Angaben.

22 Diese Steuer umfaßt das Weiderecht in Rom *und* auf dem Kirchengut von St. Peter: G.: 16000 (ein sehr hoher Betrag, der nicht im Verhältnis steht), B.: 9000, V.: 8000. Das Kirchengut von St. Peter umfaßt die Region nördlich von Rom und erstreckt sich bis zur Toskana.

23 G.: 10000, B.: 11000, V.: 9777.

24 Zu den Defiziten in den Budgets von Alexander VI. und Julius II., siehe Gottlob, *Camera apostolica*, 263-265.

25 Eine Liste der obersten Steuereintreiber (Depositario Generale) von Beginn des 15. Jahrhunderts bis 1513, als Filippo Strozzi das Amt übernahm, findet sich bei Gottlob, *Camera apostolica*, 111-112.

26 Über die Spannocchi, siehe Ubaldo Morandi, »Gli Spannochi: piccoli proprietari, terrieri, artigiani, piccoli, medi e grandi mercantibanchieri,« in *Studi in memoria de Federigo Melis*, III, Rom 1978, 93-115; der Artikel basiert auf einer Denkschrift für die Mitglieder der Familie Spannocchi, Archivio di Stato, Siena (fortan abgekürzt ASS), Sek-

tion: *Archivi privati Spannocchi AI*. Ich habe weitere Informationen hinzugefügt, die ich aus anderen Quellen erschlossen habe.

27 Meine Angaben über die Steuerpächter in der Zeit Alexanders VI. und Julius II. beziehen sich vorwiegend auf A. Vat., arm. XXXIV, Bde. 11, 13, 15, 16.

28 Zur Situation im Jahr 1500, siehe den oben angeführten Bericht vom 28. Oktober 1499, ibd., Bd. 11, f.133r.

29 Näheres zum 29. Juni 1500 kann man dem Bericht entnehmen, der als erster Anhang in Johannis Burchardi, *Diarium sive rerum urbanarum commentarii*, hg. von L. Thuasne, Paris 1885, III, 434, veröffentlicht wurde.

30 In gedruckter Form findet sich der Vertrag bei *Cugnoni*, 209. Das Original wird aufbewahrt in der Bibliotheca Vaticana, *Archivio Chigi*: no. 3665 (*Pergamena*) (fortan zitiert als BV, Arch. Chigi).

31 Vittorio Franchini, »Note sull'attività finanziaria di Agostino Chigi nel Cinquecento,« in *Studi in honore di G. Luzzatto*, II, Mailand 1950, 157.

32 Siehe A. Vat., arm. XXXIV, Bd. 13, f.147v; Bd. 15, f.21r-21v. Einige weitere Geschäftsverträge, die Chigi 1495 abschloß, finden sich in BV, Arch. Chigi: arm. 290, Nr. 11453 (Band VIII).

33 *Cugnoni*, 14, 211.

34 A. Vat., arm. XXXIV, Bd. 13, f.141r-142r, 2. November 1495.

35 *Cugnoni*, 296-299.

36 *Cugnoni*, 299-304.

37 Franchini, »Note,« p. 156, Fußnote 2. Die Quelle ist ein Brief Agostinos an seinen Vater, BV, Arch. Chigi: RVc., *Lettere diverse*.

38 Siehe A.Vat., arm. XXXIV, Bd. 16, f.25v; dort erscheint Franza am 24. Januar 1495 als Chigis Prokurator; zusammen mit Chigi war Franza Teilpächter der Dogana Mercium und der Dogana di Ripa; siehe BV, Arch. Chigi: arm. 290, Nr. 11456 (Bd. VI), f.352, f.364. Darüber hinaus half Franza Chigi noch im Jahr 1510 bei einer Transaktion, durch welche die Dienste der Condottieri Vitelli für Venedig abgesichert wurden; ibd., Nr. 3666 (*Pergamena*), datiert vom 16. Juni 1510.

39 Zu den Zahlungen an Alexander VI, siehe *Cugnoni*, 109, 507. Zu Chigis Tolfa-Vertrag siehe Delumeau, *L'Alun*, 97. Eine detaillierte Analyse des Vertrags gibt O. Montenovesi, »Agostino Chigi, banchiere e appaltore dell'allume di Tolfa,« in *Archivio della R. Società Romana*, LX (1937), 111-112.

40 Morandi, »The Spannocchi«, 113-114, erwähnt, daß die Spannocchi ab dem Ende des 15. Jahrhunderts am Verkauf und sogar am Abbau des Alauns interessiert waren. In ASS, *Guidice ordinarie*, V, Nr. 47, gibt es ein Dokument, das belegt, daß Chigi im März 1501 Alaunrechte in

der Nähe von Massa erwarb. Er tat dies in Zusammenarbeit mit den Spannocchi und hatte die Unterstützung des »Herrschers« von Siena, Pandolfo Petrucci. Dies legt die Vermutung nahe, daß gewöhnlich die Sieneser Bankiers in das Geschäft des Alaunabbaus einstiegen.

41 Abgedruckt wurde der Vertragstext in Montenovesi, »Chigi«, 124-128; zu Chigis Verhältnis zu seinem Vater, siehe Franchini, »Note«, 158, 161.

42 Burchardi, *Diarium*, III, 250, 252; dort ist auch der Vertrag zwischen den Kardinälen und den Spannocchi abgedruckt, 447-448. Einer späteren Kopie des Vertrags zufolge beteiligte sich das Unternehmen von Stephanus de Chinucci an diesem Darlehen für die Kardinäle, ASS, *Archivi privati, Spannocchi AI*, 28. Hinzugefügt werden muß, daß auch die Fugger dem Kardinalskolleg halfen, seine Auslagen abzudecken; siehe Schulte, *Fugger*, I, 33-34. Auch Chigi leistete einen Beitrag in Höhe von 1500 Dukaten gegen eine aus Gold und Silber bestehende Sicherheit; siehe A.Vat., arm. XXXIV, Bd. 16, f.64r, v.

43 Burchardi, *Diarium*, III, 245, 283.

44 Siehe Pastor, Geschichte der Päpste, Freiburg 1923-33, VI, 195-96.

45 Siehe Montenovesi, »Chigi«, 112.

46 Zum Aufstieg der Sauli siehe Archivio di Stato, Rom (im folgenden ASR abgekürzt) *Fondo camerale*, busta 857, f.51r-61r (zu dogana pecudum), f.77r-87v (zur Salzsteuer), oder A.Vat., *Introitus et exitus*, Bd. 548 (introit), f.18v, 62r. Paolo Sauli starb 1507, an seine Stelle traten Vincentius und Sebastian Sauli. Ogleich der Name Sauli immer wieder im Zusammenhang mit den Finanzgeschäften der Kurie unter Julius II. erwähnt wird, ist mein Eindruck, daß sie den Finanzapparat der Kurie nicht so umfassend wie die Spannocchi kontrollierten und daß es einen größeren Austausch unter den Steuerpächtern gab.

47 Siehe Montenovesi, »Chigi,« 112.

48 Gewiß war dies die Meinung der Zeitgenossen. Siehe Guicciardini, *Storia d'Italia*, Buch VI, Kap. 5, oder auch die Ansichten des venezianischen Botschafters Antonio Giustiniani, zitiert bei Brosch, *Papst Julius II*, 96; selbst Pastor schreibt in seiner *Geschichte der Päpste*, VI, 189, daß »Julius nicht zögerte, von Bestechungen gebrauch zu machen.«

49 Zu Chigis Leitung der Tolfa-Minen, siehe Delumeau, *L'Alun,* 103-106. Vgl. hierzu das in Fußnote 58 zitierte Material.

50 Offenbar waren die Spannocchi die einzige Sieneser Firma, mit der Chigi den Kontakt abbrach. Mit anderen Sieneser Geschäftsleuten – Ghinucci, Tommasi, Bellanti – stand er weiterhin in engem Kontakt, und er war äußerst bemüht, den Interessen von Pandolfo Petrucci zu entsprechen.

51 BV, Arch. Chigi: Nr. 3665 (*Pergamena*).

52 Anwalt der Spannocchi war der berühmte Jurist Parisio; seine Meinung zu dieser Angelegenheit ist abgedruckt in seiner Schrift *Consiliorum pars prima*, Venedig 1580. Chigi war der Ansicht, daß die von Julius II. gewährte Pachtverlängerung einen neuen Vertrag darstellte, so daß der unter Alexander VI. geschlossene somit ungültig wurde; ab 1505 verweigerte Chigi den Spannocchi einen Anteil an den Profiten. Parisio argumentierte, daß die unter Alexander VI. getroffene Abmachung für zwölf Jahre Gültigkeit besitze und daher nach wie vor gültig sei. Das Gericht folgte schließlich Parisio, wenngleich das Urteil erst nach Chigis Tod erging. Laut Franchinis »Note«, 170, wurden die Chigi 1524 dazu verurteilt, den Spannocchi 200000 Dukaten zu bezahlen. Dokumente im ASS, *Archivi privati: Spannocchi AI* (*Pergamena*), belegen, daß der Rechtsstreit zwischen den Chigi und den Spannocchi keineswegs mit der Entscheidung des Jahres 1524 beendet war; vielmehr wurden die Verhandlungen bis in die vierziger Jahre des 16. Jahrhunderts, in denen sich schließlich ein Kompromiß abzeichnete, fortgeführt. Die Situation war deshalb so schwierig, weil nicht nur die Spannocchi Ansprüche gegen Chigi hatten, sondern Chigi seinerseits auch Ansprüche gegen die Spannocchi geltend machte.

53 In A. Vat. AI, *Introitus et exitus*, Bd. 541, f.17, Januar 1507, werden die Ghinucci als Pächter der Steuern auf Überlandimporte nach Rom und in Bd. 546, Juni 1509, als Pächter der Salzsteuer der Marche aufgeführt.

54 Schulte, *Fugger*, I, Kap. 3, erörtert den Zusammenhang zwischen dem Verkauf von Ablässen und der wachsenden Macht der Fugger in Rom.

55 BV, Arch. Chigi: Nr. 3666 (Buch 2; *Pergamena*), f.117, enthält das Dekret, kraft dessen die Gebrüder Chigi am 31. Dezember 1510 auf die Dauer von fünf Jahren zu Schatzmeistern des Kirchenguts gemacht wurden. ASR, *Fondo camerale, prima parte: Libri decretarum camerae*, Fach 290 (1510-1511) erwähnt die Chigi als Pächter der Weide-, sowie der Salzsteuern der Marche und des Kirchenguts (Mai, Juli und Dezember 1511). Laut BV, Arch. Chigi: arm. 290, Nr. 11456, f.335, pachtete Sigismondo Chigi, zusammen mit zwei Kaufleuten aus Siena (vermutlich 1507), die Gabella Studii.

56 Die Vielfalt von Chigis geschäftlichen Aktivitäten läßt sich eindeutig anhand der Dokumente der vatikanischen Chigi-Archive belegen: In Nr. 3666 (Buch 2, *Pergamena*), f. 53 finden sich beispielsweise Belege für seine Verhandlungen mit den *condottieri*(1510); in arm. 290, Nr. 11451 für einen Tuchhandel (1513) und in Nr. 341 und 360 für Verträge über die Schaffung einer »compagnia d'arte di seta« zusammen mit einigen anderen (1508).

57 Siehe ibd., Nr. 11453, f. 386r-369r; dies ist allgemein bekannt. Die einschlägigen Dokumente finden sich bei Pastor, Geschichte der Päpste, VII, 421-439

58 Meine Beschreibung von Chigis Methoden bei der Durchsetzung des Monopols der Alaunminen von Tolfa stützt sich auf Materialien aus BV, Arch. Chigi: arm. 290, Nr. 11453, f.248 (Abkommen mit Girolamo Boninsegni über Sizilien); ff.260r-263r (im Hinblick auf Spanien, wo Boninsegni einige Rechte hatte); f.272 (Abkommen mit den Florentinern Bartolini, das diesen das Monopol auf den Verkauf des Tolfa-Alauns in der Provence und in Aigues-Mortes für die Dauer von drei Jahren sicherte).

59 Der Vertrag über Porto Ercole wurde abgedruckt in Cugnoni, 422-434.

60 »Questo maladetto Porto Ercole …,« Brief Chigis an Antonio da Venafro, 13. März 1513, BV, Arch. Chigi, RVc, *Lettere diverse*, f.15r.

61 Ab 1509 gewinnt Porto Ercole als Schiffshafen für Alaun zusehends an Bedeutung, und die »galione di M. Agostino Chigi« wird als Transportschiff für Alaun erwähnt; siehe ASR, *Fondo camerale*: *Tolfa*, busta 2380.

62 Über die Schwierigkeiten, das päpstliche Alaunmonopol im christlichen Europa durchzusetzen, siehe Kap. 2 des ersten Teils von Delumeau, *L'Alun*; dasselbe Thema wird auch behandelt bei Gottlob, *Camera apostolica*, 278-305, und, mit besonderer Berücksichtigung der zweiten Hälfte des 15. Jahrhunderts, bei G. Zippel, »L'Allune di Tolfa e il suo commercio,« in *Archivio della R. Società Romana*, XXX (1907), 5-51, 389-462.

63 Das Abkommen ist abgedruckt in Montenovesi, »Chigi,« 135-140; das Dokument ist nicht datiert, muß aber aus den Jahren 1506 oder 1507 stammen.

64 Eine detaillierte Darstellung des Konflikts zwischen Chigi und der Regierung sowie den Kaufleuten der Niederlande findet sich bei Jules Finot, »Le Commerce de l'Alun dans les Pays-Bas et la bulle encyclique du Pape Jules II en 1506,« in *Bulletin historique et philologique* (1902), 418-431; zusätzliche Fakten finden sich in dem sehr präzisen Bericht von Delumeau, *L'Alun*, 36-38.

65 Siehe hierzu die päpstlichen Botschaften in A.Vat., *Julii II brevi*, arm. XXXIX, Bd. 23; die genauen Datierungen der *brevi* an den Dogen Loredan sind der 14. November 1504 und der 20. Februar 1505. Sie sind in chronologischer Abfolge aufgelistet. Die Mission von Baptista Mauro wird im Brief an den Dogen vom 16. November 1504 erwähnt; es existiert aber noch ein weiterer *breve* an Mauro vom 30. September 1505, in dem dieser aufgefordert wird,

den päpstlichen Interessen hinsichtlich des Alaunmonopols Nachdruck zu verschaffen.

66 Das Material, auf das sich meine Beschreibung der päpstlichen Intervention in England stützt, entstammt dem chronologisch aufgebauten 23. Band von Julius' *Brevi*: die in diesem Zusammenhang relevanten Briefe sind gerichtet an Heinrich VII. mit Datum vom 16. Oktober, 4. November, 12. November 1505 (dieser enthält den Hinweis auf die Haltung früherer Päpste zur Frage des Handels mit Heiden), 29. März, 15., 16. und 20. Mai (Ankündigung der Entsendung von Petrus Grifus); an Waring, den Kapitän des königlichen Schiffes mit Datum vom September (s.d.), 13. November 1505, 18. Juli, 1506; an Polydore Virgil mit Datum vom .12. Mai 1506; an den Bischof von Winchester, datiert 16. Mai, 12. Juli und 6. August 1506. Siehe hierzu auch *Letters and Papers Illustrative of the Reigns of Richard III and Henry VII*, hg. von James Gairdner, London 1881, II, 167-168. Das Vorgehen des Papstes wurde durch zwei Vorfälle provoziert: Zum einen das Auftauchen des königlichen Schiffs *Sovaren* im Mittelmeer, das 1505 nach Kleinasien segelte, zum anderen durch den Transport türkischen Alauns durch die Florentiner Frescobaldi und Gualterotti 1506. Gottlobs Darstellung in *Camera apostolica*, 302, ist unvollständig; der bei Montenovesi, »Chigi« 136, veröffentlichte Vertrag zeigt, daß auf Grifus' Mission eine weitere durch Tommasi folgte. Delumeau, *L'Alun*, 46, und Montenovesi, »Chigi« 114, erwähnen diesen Vorgang nur kurz und stützen sich dabei weitgehend auf Gottlob.

67 Siehe die Tabellen zum Export von Alaun bei Delumeau, *L'Alun*, 214-215.

68 Die Erklärung dieser Enzyklika ist der wichtigste Aspekt des in Fußnote 64 erwähnten Artikels von Finot.

69 Der Briefwechsel mit England belegt dies zweifelsfrei.

70 Die Dokumente über den Kauf der Kapelle durch Chigi und die päpstliche Bulle sind veröffentlicht in *Cugnoni*, 440-443.

71 Dieses Dokument findet sich in BV, Arch. Chigi: Nr. 3666 (*Pergamena*), f.31. Morandi, »Gli Spannocchi« 103, stellt fest, daß Pius II. den Spannocchi das Privileg vergab, sich fortan »dei Piccolomini« zu nennen; ich halte es für sehr wahrscheinlich, daß die Konkurrenz zu den Spannocchi ein wesentlicher Faktor in Chigis Vorgehen war.

72 Zum Bau der Farnesina und zum Besuch Julius' II. bei den Bauarbeiten im Juli 1511 siehe Christoph Luitpold Frommel, *Die Farnesina und Peruzzis architektonisches Frühwerk*, Berlin 1961, 6-7. Eine Beschreibung des Hauses in der Via de Banchi, in dem Chigi lebte und arbeitete, bevor er in die Farnesina zog, findet sich bei *Cugnoni*, 488-490.

73 Diese Forderung wird erstmals erwähnt in *Dispacci degli ambasciatori veneziani alla corte di Roma presso Giulio II*, hg. von Roberto Cessi (Monumenti Storici pubblicati della R. Deputazione di Storia Patria Serie Prima: Documenti XVIII, Venedig 1932, 36-37 (fortan zitiert als *Dispacci*); zu dem Schock, den die Forderungen des Papstes in Venedig auslösten, siehe *Sanudo*, VIII, cols. 510-511.

74 *Dispacci*, 89; auf S. 123 findet sich eine weitere Diskussion zwischen Grimani und dem Papst über die Frage des »Golfs«.

75 Francesco Corners Bericht aus Rom vom 30. Oktober 1509 findet sich in der *Bibliotheca marciana*, VII, codice MCVIII (7448), ff.375v-379v; zur Audienz von Francesco Corner siehe auch *Dispacci*, 145, und Brosch, *Papst Julius II.*, 182; eine Zusammenfassung der Berichte aus Rom findet sich bei *Sanudo*, IX, cols. 298-299.

76 Einen exzellenten historischen Überblick in den Fragen der Golfregion bietet Antonio Battistella, »Il Dominio del golfo,« in *Nuovo archivio veneto*, n.s., XXXV (1918), 3-102; ebenso Frederic C. Lane, *Seerepublik Venedig*, 111ff.

77 Zu den venezianischen Einwänden, siehe *Dispacci*, 93, 150/1, 201. Der Hinweis auf Biondo bezieht sich auf das achte Buch seiner *Decades secundae*.

78 *Dispacci*, 191. Zu Julius' II. Interesse an der Seefahrt und seinen Versuchen, eine päpstliche Flotte aufzubauen, siehe Alberto Guglielmotti, *Storia della marina pontificia*, III, Rom 1886, 67ff: Der Papst übertrieb hinsichtlich der Größe der von ihm gebauten Flotte und spielte die Stärke der venezianischen Seemacht herunter.

79 Siehe hierzu den Text dieser Klausel in dem Friedensvertrag zwischen dem Papst und Venedig, *Sanudo*, IX, col. 583.

80 Sanudo, VIII, cols. 187-205.

81 Es sei hier angemerkt, daß der Papst sich im nachhinein lediglich auf einige sehr allgemeine Feststellungen bezog, als die Venezianer sich wunderten, weshalb diese Forderung erst so spät erhoben wurde; siehe *Dispacci*, 70.

82 Ibd., 146.

83 Ibd., 37, 150.

84 So berichtet in Guglielmotti, *Marina pontificia*, III, 57ff.

85 Die Auseinandersetzung darüber, ob Comacchio zu Este vom Kaiser oder vom Papst gekommen war, dauerte bis ins 18. Jahrhundert fort. Muratori schrieb im Interesse Estes eine Abhandlung zu dieser Frage: *Succinta esposizione delle ragioni del S.R. impero e della serenissima case d'Este sopra Comacchio*, 1710.

86 *Dispacci*, 197, 206, 227, vorwiegend im Dezember 1509.

87 Pastor, *Geschichte der Päpste*, VI, 305ff. behandelt den Konflikt zwischen Julius und Ferrara; es sollte auch erwähnt werden, daß die Venezianer den Krieg gegen Ferrara fortführten und im Dezember 1509 in Comacchio die Anlagen für die Salzproduktion niederbrannten; siehe *Sanudo*, IX, col. 395. Siehe ferner Antonio Frizzi, *Memorie per la storia di Ferrara*, IV, Ferrara 1796, 222.

88 Baronius (Raynaldus), *Annales ecclesistici*, XXX, Lusae 1754, 551-553.

89 Die Quelle ist ein Brief von Leonardo da Porto aus dem Jahr 1511 an Antonio Savorgnano, in *Lettere di principi*, I, hg. von Girolamo Ruscelli, Venedig 1562, 19v. Auch Guicciardini, *Storia d'Italia*, Buch IX, Kap. 1, hebt die Bedeutung dieser Angelegenheit für den Konflikt zwischen dem Papst und Alfonso d'Este hervor.

90 Diese Behauptung ist gewiß überzogen, da Chigi nicht im gesamten Papststaat das Monopol auf die Salzsteuer hatte. Dessenungeachtet waren er und sein Bruder 1511 die Pächter der Salzsteuer im Patrimonium und in den Marche; siehe oben, Fußnote 57.

91 Brosch, *Papst Julius II.*, 255.

92 Wie aus einem Brief von Agostino an seinen Bruder Sigismondo vom 18. Mai 1511 (BV, Arch. Chigi, RVc, *Lettere diverse*, f.19v-20r.) hervorging, war der Sohn eines Freundes der Petrucci in Siena involviert; Chigi war stets sehr darauf bedacht, ein gutes Verhältnis zu den Petrucci zu haben.

93 Es gibt vier Briefe von Agostino an Sigismondo aus Bologna: Der erste mit Datum vom 21. Oktober 1510, die folgenden vom 7., 11. und 12. November, BV, Arch. Chigi, RVc, *Lettere diverse*, ff.16r-17r, 17r-18r, 18r-19r, 48r. Da ein Brief aus Rom vom 28. September 1510 an Sigismondo vorliegt, muß Chigi später als der Papst nach Bologna gereist sein, da dieser bereits am 22. September dort eingetroffen war. Zwischen dem Brief an Sigismondo vom 12. November 1510 und einem Brief aus Venedig vom 12. Februar 1511 sind keine Briefe von Agostino bekannt. Es ist natürlich denkbar, daß Agostino zwischen seinen Aufenthalten in Bologna und Venedig für kurze Zeit nach Rom ging. Dies ändert jedoch nichts an dem Argument und ist zudem angesichts der Schwierigkeiten, die das Reisen damals mit sich brachte, eher unwahrscheinlich. Neben dem Brief vom 21. Februar 1511 gibt es noch drei weitere Briefe an Sigismondo aus Venedig: einen vom 3. März (ff.20r-20v) und zwei vom 18. Mai (ff.19v-20r). Soweit ich sehe, enthalten die – äußerst schwer zu lesenden – Briefe nichts über etwaige Verhandlungen mit der venezianischen Regierung bezüglich eines Darlehens oder eines Alaunverkaufs; dies könnte ein Indiz für die politischen Aspekte der Transkation sein, da Sigismondo im allgemeinen in geschäftlichen Dingen auf dem Laufenden gehalten wurde.

94 Zum Einfluß der Beziehungen zu Frankreich auf die Friedensverhandlungen, siehe *Dispacci*, 37, 41ff, 137ff.

95 Die Tatsache, daß Maximilian bis zur Liga von Cambrai eine stark anti-französische Politik betrieb, ließ die Möglichkeit, er könnte die Franzosen fallen lassen, durchaus plausibel erscheinen.

96 Obgleich Venedig erst zwei Jahre später, im März 1513, von der anti- zur pro-französischen Seite wechselte, gab es schon lange vorher gewisse Spekulationen in dieser Richtung.

97 Die bedeutendste Biographie von Maximilian I. stammt von Hermann Wiesflecker, *Kaiser Maximilian I.*, 1981-91. Die wichtigsten Informationen über Langs Treffen mit dem Papst in Bologna sowie die einschlägigen Quellen finden sich bei Pastor, *Geschichte der Päpste*, VI, 322-26. Die brillanteste – und vermutlich genaueste – Besprechung dieser Verhandlungen findet sich bei Guicciardini, *Storia d'Italia*, Buch IX, Kap. 16; Guicciardini weist darauf hin, daß die venezianischen Unterhändler unter dem Druck des Papstes schließlich einwilligten, den größten Teil des Festlandes Maximilian zu überlassen, aber Padua und Treviso gegen Bezahlung beträchtlicher Geldsummen zu behalten. Zur großen Erleichterung der Venezianer jedoch führte Langs fehlende Bereitschaft, Zugeständnisse hinsichtlich Maximilians Eintritt in den Krieg gegen Frankreich zu machen, schließlich zum Bruch und zu Langs Abreise aus Bologna. Die Instruktionen, die die venezianische Regierung an ihre »Oratori in Curia« schickte, sind bezeichnend. Wenngleich sie die Bereitschaft der Venezianer, auf die Wünsche des Papstes einzugehen, unterstreichen, so signalisieren sie dem Papst zugleich, er solle Lang mißtrauen, und betonen die nachteiligen Konsequenzen, die eine Einigung mit Maximilian für Italien als Ganzem haben könnte; siehe ASV, *Senato secreta*, reg. 44, beispielsweise die Instruktion vom 21. April 1511.

98 Siehe Augustin Theiner, *Codex diplomaticus dominii temporalis santae sedis*, Rom 1862, III, ff.518-524. Das Zustandekommen der Allianz zwischen Ferdinand von Aragon und dem Dogen von Venedig – also die Aufnahme Spaniens und Venedigs in die Heilige Liga – wurde bezeugt durch die »spectabilibus viris dominis Augustino Chisio et Bartholomeo de Auria et Andrea Gentile mercatoribus Senensibus et Januensibus Romanam Curiam sequentibus testibus.«

V. Der späte Abschluß des Geschäfts

1 Der volle Text von Chigis Testament ist abgedruckt in *Cugnoni*, 197-205; auf S. 199 finden sich jene Regelungen bezüglich der Villa Farnesina, auf die ich mich in meinem Text beziehe. Lorenzo über-

lebte als einziger von Agostino Chigis Söhnen. Sein Sohn Agostino wiederum starb ohne Nachkommenschaft, so daß die männliche Linie Agostinos mit ihm endete. Lorenzo geriet in finanzielle Schwierigkeiten, wodurch sich die Familie gezwungen sah, die Villa Farnesina zu verkaufen. Agostinos Bruder Sigismondo hatte fünf Söhne; sie zogen von Rom nach Siena zurück. Einer von Sigismondos Nachkommen war Fabio Chigi, der 1655 zum Papst gewählt wurde und der eingedenk des Wohlwollens, das der Borgia-Papst Alexander VI. seinen Vorfahren entgegengebracht hatte, den Namen Alexander VII. annahm. Nunmehr war die Familie Chigi in einen römischen und einen sienesischen Zweig unterteilt. Die römischen Chigis sind »erbliche Hüter des Konklave;« sie spielten eine bedeutende Rolle im politischen und sozialen Leben Roms.

2 Eine Analyse der Gemälde in der Logia der Villa Farnesina findet sich in Fritz Saxl, *La Fede astrologica di Agostino Chigi. Interpretazione dei dipinti di Baldassare Peruzzi nella sala di Galatea della Farnesina*, Rom 1934. Wie aus meiner Interpretation ersichtlich, lege ich weniger Gewicht auf Chigis Schicksalsgläubigkeit, als Saxl dies tut. Siehe auch F. Saxl, *Lectures*, I, London 1957, »The Villa Farnesina,« 189-199, sowie Christoph Luitpold Frommel, *Die Farnesina und Peruzzis architektonisches Frühwerk*, Berlin 1961.

3 Vgl. Eugenio Garin, *Medioevo e rinascimento*, Bari 1954, besonders das Kapitel »Magia ed astrologia nella cultura del rinascimento.«

4 Wie sehr Agostino mit Pinturicchios Werk vertraut war, erschließt sich aus einem Brief an seinen Vater von 7. November 1500: »Sopra la capella vostra ... voi dite havere parlato con M° Pietro Perugino, vi dico che volendo fare di sua mano Lui è il meglio maestro d'Italia e quale che li chiama il Paterichio è stato suo discepolo il quale al presente non e qui: altri maestri non ci sono che vaglino,« BV, Arch. Chigi: RVc, *Lettere diverse*, I, f.14r-15r. Selbstverständlich war die Konkurrenz zwischen *virtù* und Fortuna ein verbreitetes Thema in der Renaissance; ich erwähne Pinturicchios Darstellung dieses Problems hier lediglich, um eine direkte Verbindung zu Chigi herzustellen, der aufgrund der Dekoration der Villa Farnesina allzu leicht als Anhänger der Astrologie eingestuft wird.

5 Siehe Frommel, *Farnesina*, 4-5, sowie die in den Fußnoten angegebenen Quellen.

6 Zu den Künstlern, die für Chigi gearbeitet haben, siehe Frommel, *Farnesina*, 13-14.

7 Die Aldus-Ausgabe war zwei Jahre früher erschienen; obwohl sich die beiden Ausgaben überschneiden, enthält jede für sich Materialien, die nicht in der anderen abgedruckt sind.

8 Gewiß genoß Aretino Chigis großzügige Gastfreundschaft; siehe Pietro Aretino, *Il Primo libro delle lettere*, Brief 162 an Ferrieri Beltramo.

9 Siehe die Beschreibung von Fabio Chigis Leben in *Cugnoni*, 34-36; weitere Details finden sich bei Frommel, *Farnesina*, 7-9. Die vielen Kommentare über Chigi in Sanudos Tagebuch nach Chigis Abreise aus Venedig (ausführlich geht Frommel, *Farnesina*, 7-8, auf sie ein) scheinen eher etwas über Chigis Reputation als über die tatsächlichen Fakten auszusagen.

10 Zu Chigis Darlehen an Leo X., siehe die von Montenovesi veröffentlichten Dokumente, »Chigi,« 128-130, und Delumeau, *L'Alun*, 105. Obgleich Pastor, *Geschichte der Päpste*, VII, 23, betont, daß bei Leos Wahl keine Simonie im Spiel war, ist anzunehmen, daß die für die Krönung geborgten 75 000 Dukaten an bestimmte Versprechen geknüpft waren, die während des Konklave gemacht wurden. Leo X. wurde während seiner gesamten Herrschaftszeit von Chigi finanziell unterstützt; eine Notiz aus den Chigi-Unterlagen verrät, daß Leo X. noch im Februar 1520, also zwei Monate vor Chigis Tod, 1 500 Dukaten von diesem erhalten hatte und im Gegenzug Juwelen als Sicherheit stellte, BV, Arch. Chigi: RVb, f.3; darüber hinaus bekam Chigi eine Tiara als Sicherheit. In diesem Zusammenhang muß auch erwähnt werden, daß der Aufstieg der Medici an die Macht in Rom nicht nur eine Belastung für Chigi darstellte; aus einer Notiz vom 30. September 1514 geht hervor, daß Alfonsina Medici, die Witwe von Piero, Chigi das Geld zurückzahlte, das dieser ehedem den Medici, und insbesondere Piero, geliehen hatte, BV, Arch. Chigi: arm. 290, Nr. 11453 (Bd. VIII), f.309v.

11 Häufig wurde bereits die Frage diskutiert, weshalb Chigi seinen Anteil an der Ausbeutung der Tolfa-Minen reduzierte und zuließ, daß Andrea Bellanti zum Hauptpächter werden konnte. Bislang gibt es keine zufriedenstellenden Antworten auf diese Frage. Ich möchte daher drei Vorschläge machen: (a) es gab einen juristischen Grund: Als Leo X. Papst wurde, erklärte er, daß fortan niemand mehr mehrere Pachtverträge von der Kurie bekommen durfte (Chigi war bereits Schatzmeister des Kirchenguts); der Zweck von Leos Erlaß war natürlich, genügend Spielraum für seine florentinischen Freunde zu schaffen. (b) Die Bellanti waren mit den Spannocchi verwandt; Cassandra, die Tochter von Antonio Spannocchi, war die Frau von Antonio Bellanti; siehe ASS, *Archivi privati: Spannocchi AI* (*Pergamena*), Nr. 20. Es mag Versuche gegeben haben, den Rechtsstreit mit den Spannocchi beizulegen. Diese Vermutung würde noch erhärtet durch die Tatsache, daß die Spannocchi als Partner beteiligt wurden, als Chigi 1520 erneut die Kontrolle über die Tolfa-Minen bekam. (c) Ich bin überzeugt, daß

Chigi darauf bedacht war, das Leben eines großen Adligen und nicht das einen »einfachen« Kaufmanns zu führen.

12 Siehe Delumeau, *L'Alun*, 98. Da Chigi zu Beginn des Jahres 1520 verstarb, kann man davon ausgehen, daß diese Änderung des Pachtvertrags lediglich vorgenommen wurde, um seinen Erben die Kontrolle über die Tolfa-Minen zu sichern.

13 Siehe *Cugnoni*, 204.

14 *Sanudo*, XXIV, col. 628.

15 »Bazarioto«.

16 ASV, *Senato secreta*, reg. 43, 22. Oktober 1519: »Oratori nostro in Urbe,« »persona cautilata et cavillosa.«

17 Siehe die Zusammenfassung von Chigis Memorandum in ASV, *Libri commemoriali*, XIX, Nr. 238.

18 Zu den Diskussionen in dieser Angelegenheit siehe ASV, *Senato Secreta*, reg. 44, 14. Dezember 1511, und *Dieci misto*, reg. 34, f.169v, 27. Dezember 1511; des weiteren *Senato secreta*, reg. 44, 2. Januar 1512, und Bibl. Correr, *Priuli*, VII, f.188v, sowie *Sanudo*, XIII, col. 369, woraus hervorgeht, daß in der Debatte der Pregadi am 2. Januar die Gegensätze des Sommers erneut zum Vorschein kamen.

19 ASV, *Libri commemoriali*, XIX, Nr. 237, 238, 247; die gedruckten Zusammenfassungen der Dokumente in den *Libri commemoriali* sind nicht immer zuverlässig.

20 »E non li vien observati li soi capitoli,« Sanudo, XXIV, col. 422, 1. Juli 1517. Aus einem Brief von Pietro Lando, dem venezianischen Botschafter in Rom, vom 4. September 1514 (ASV, *Capi del consiglio dei dieci, lettere di ambasciatori*, Rom 1513-14, busta 21) geht hervor, daß Chigi ihn gedrägt hatte, von der venezianischen Regierung in Erfahrung zu bringen, »come el si die governar,« nachdem er keine Antwort auf seine erste Anfrage erhalten hatte. Dies könnte sich auf die Beschwerden darüber beziehen, daß anderes Alaun auf den venezianischen Markt gelangt war, aber dies ist reine Spekulation. Es ist denkbar, daß Chigi Verhandlungen über das gesamte Abkommen vorgeschlagen hat. In den Archiven finden sich aus dieser Zeit keine weiteren Materialien mehr über die Angelegenheit.

21 Ich habe die 1543 in Venedig gedruckte italienische Übersetzung von Andrea Mocenigos *War of the League of Cambrai* benutzt. Die von mir besprochenen Passagen finden sich auf den Seiten 139r-140r.

22 Das Gesetz, das den Ämterverkauf erlaubte, wurde unmittelbar nach Kriegsende wieder abgeschafft.

23 Siehe Lester J. Libby, Jr., »Venetian History and Political Thought after 1509,« in *Studies in the Renaissance*, XX (1973), 7-45. Näher befaßt habe ich mich mit diesem Thema in meinem Aufsatz »Venice in

the Crisis of the League of Cambrai,« in *Renaissance Venice*, London 1973, 289-290, sowie in »Religion and Politics in the Thought of Gasparo Contarini,« in *History: Choice and Commitment*, 247-267.

24 *Sanudo*, XXVII, col. 210.

25 Siehe ASV, *Libri commemoriali*, XX, Nr. 105.

26 ASV, *Capi del consiglio dei dieci*, busta 22, und *Sanudo*, XXVII, col 409.

27 Siehe ASV, *Libri commemoriali*, XX, Nr. 106, sowie den Brief von Alvise Gradenigo an Domenico Trevisan vom 10. September 1520, in ASV, *Capi*, busta 22.

28 ASV, *Libri commemoriali*, XX, Nr. 109, 110.

29 Siehe Chigis Ratifizierung des Dokuments in ibd., Nr. 113, sowie seinen Entwurf des Dokuments in BV, Arch. Chigi: arm. 290, Nr. 11453 (Bd. VIII).

30 Siehe ASV, *Senato secreta*, reg. 48, 23. August, f.45r, und *Sanudo*, XXVII, col. 582.

31 Der Entwurf einer Anweisung, die jedoch nicht abgeschickt wurde, findet sich in ASV, *Senato secreta*, reg. 48, 28. August.

32 Ibd., 29. September; Näheres über diese Anweisung findet sich bei *Sanudo*, XXVII, col. 668. Zur Änderung von Kardinal Corners Vollmacht siehe ASV, *Libri commemoriali*, XX, Nr. 115.

33 Siehe auch *Sanudo*, XXVIII, cols. 20, 35, sowie die Anweisung für Kardinal Corner vom 22. Oktober 1519 in ASV, *Senato secreta*, reg. 48; ferner ASV, *Libri commemoriali*, XX, Nr. 119, 120.

34 Vgl. hierzu sowie im folgenden die Anweisungen an Kardinal Corner und den venezianischen Botschafter in Rom vom 29. November und 22. Dezember 1519: ASV, *Senato secreta*, reg. 48; ferner *Sanudo*, XXVIII, col. 37.

35 *Sanudo*, XXVIII, cols. 111, 128-129, sowie ASV, *Senato secreta*, reg. 48, Brief an Kardinal Corner vom 22. Dezember 1519.

36 ASV, *Senato secreta*, reg. 48, Anweisung an den venezianischen Botschafter zwischen dem 22. und dem 28. Dezember. Die Anweisung liegt in zwei unterschiedlichen Fassungen vor; die eine wurde vom Rat der Savi, die andere von den beiden Savi des Festlandes vorgeschlagen; zu den Differenzen und Auseinandersetzungen über diese Anweisung siehe *Sanudo*, XXVIII, col. 129.

37 Vgl. hierzu und im folgenden *Sanudo*, XXVIII, col. 129, sowie die in der vorausgehenden Fußnote erwähnten Anweisungen für den venezianischen Botschafter. Auf sie folgt noch ein dritter Brief an den venezianischen Botschafter, der vermutlich am selben Tag verfaßt wurde. Aus ihm geht in allen Einzelheiten hervor, daß Chigi infolge des Abkommens mit Venedig einen Gewinn von 30-32000 Dukaten erzielte.

Diese Zahl kommt folgendermaßen zustande: Binnen acht Jahren verkaufte Chigi 4 000 Cantari Alaun zum Preis von 20 Dukaten pro Cantaro, wogegen er andernorts lediglich 11 bis 12 Dukaten pro Cantaro erzielte. Also verdiente er in Venedig pro Cantaro acht Dukaten mehr, als er beispielsweise in Ferrara hätte verdienen können. Zusammengenommen ergeben sich daraus zusätzliche Einkünfte in Höhe von 30-32 000 Dukaten.

38 Siehe ASV, *Capi*, busta 22, Bericht von Marco Minio vom 26. Januar; da Kardinal Corners Briefe fehlen, ist das Material weitgehend unvollständig.

39 Siehe ASV, *Senato secreta*, reg. 48, Anweisung für Minio vom 16. Februar 1520, sowie *Sanudo*, XXVIII, col. 260, 265.

40 *Sanudo*, XXVIII, col. 320.

41 Ibd., col. 340. Der Papst wollte aus rechtlichen Gründen nicht auf Chigis Forderung eingehen.

42 Michiels Brief findet sich in *Sanudo*, XXVIII, col. 424-426; der sogenannte Anonimo Morelliano ist natürlich Michiel.

43 *Sanudo*, XXVIII, col. 424, gibt eine Beschreibung des Begräbnisses; eine detaillierte Darstellung findet sich bei Frommel, Farnesina, 12.

44 ASV, *Libri commemoriali*, XX, Nr. 131, 133-136, 138, 140, 142. In *Capi*, busta 22, gibt es eine ganze Reihe von Briefen des venezianischen Botschafters in Rom, Alvise Gradenigo, an Domenico Trevisan »equiti et procuratori di San Marco« vom September 1520. Die meisten davon sind chiffriert, handeln aber offensichtlich von der Rückkehr der Juwelen.

VI. Julius II.: Caesar und Statthalter Christi auf Erden

1 Ich benutze die 1946 erstmals veröffentlichte Übersetzung von Leonard F. Dean in der Ausgabe der University of Classics. In der Leyden-Ausgabe von Erasmus' *Opera omnia* steht dieser Abschnitt in Bd. IV, 1703, 484. Zu zeitgenössischen Beschreibungen von Julius II. siehe auch Loren Partridge und Randolph Stern, *A Renaissance Likeness: Art and Culture in Raphael's Julius II*, Berkeley 1980.

2 Zu Erasmus in Italien, siehe Augustin Renaudet, *Erasme et l'Italie*, Genf 1954.

3 Aus dem Brief von Erasmus an Kardinal Domenico Grimani vom 15. Mai 1515; die zitierte Passage findet sich in den *Collected Works of Erasmus*, Bd. III, 94, *Correspondence*, Brief 334, übersetzt von R. A. Mynors und D.F.S. Thomson, Toronto 1976.

4 Erasmus an Johannes Botzheim, 1523, in *Opus epistolarum Des. Erasmi Roterdami*, I, hg. von P.S. Allen, Oxonii 1906, 37. Siehe ferner Carl Stange, *Erasmus und Julius II. – Eine Legende*, Berlin 1937, 28-29; dieses Buch enthält wertvolle Informationen, doch ist die Interpretation der Entwicklung von Erasmus' Meinung zum Krieg und zu Julius II. inakzeptabel.

5 Inzwischen gibt es keine Zweifel mehr an Erasmus' Autorschaft an *Julius Exclusus*. Eine neuere Diskussion dieses Themas, die auch die relevante Literatur berücksichtigt, findet sich in *Collected Works of Erasmus*, IV, 169, *Correspondence*, Einleitung zu Brief 502. Siehe auch James K. McConica, »Erasmus and the *Julius Exclusus*, a Humanist Reflects on the Church,« in *The Pursuit of Holiness in Late Medieval and Renaissance Religion*, hg. von Charles Trinkaus zusammen mit Heiko Oberman, Leiden 1974, 444-483.

6 Erasmus an Leo X, 21. Mai 1515, *Erasmus von Rotterdam. Briefe*, verdeutscht und herausgegeben von Walther Köhler, Darmstadt ³1986, 122.

7 Zu Ursprung und Quellen dieses Holzschnitts vgl. David Rosand und Michelangelo Murraro, *Titian and the Venetian Woodcut*, Washington, D.C. 1976, 37-54; ferner Erwin Panofsky, *Problems in Titian Mostly Iconographic*, New York 1969, 58-63. Man geht davon aus, daß Tizians Holzschnitt zwischen 1510 und 1511 entstanden ist. Eine Anspielung auf die Heilige Liga ist nur vorstellbar, wenn der Holzschnitt erst später im Jahr 1511 entstanden ist, doch ist eine Anspielung auf einen Krieg, der vom Papst und Venedig gemeinsam geführt wurde, für die gesamte Zeit von 1510-1511 denkbar.

8 Ich stütze mich auf die Übersetzung von *Julius Exclusus* von Paul Pascal, Bloomington 1968, wo sich diese Bemerkung auf Seite 49 findet. [Deutsche Übersetzung: *Erasmus von Rotterdam. Ausgewählte Schriften*, Bd. V, übersetzt, eingeleitet und mit Anmerkungen versehen von Gertraud Christian, Darmstadt 1968, 122].

9 In der Übersetzung von Leonard F. Dean (siehe Fußnote 1), 112; in der Leyden-Ausgabe von Erasmus' *Opera Omnia*, IV, 483. [Deutsche Übersetzung: *Erasmus von Rotterdam. Ausgewählte Schriften*, Bd. II, eingeleitet und mit Anmerkungen versehen von Wendelin Schmidt-Dengler, Darmstadt 1975, 169].

10 Bibl. Correr, *Priuli*, VI, f.313r.

11 Ein neuerer Beitrag zur Erwartung des Goldenen Zeitalters in der Zeit von Leo X. ist John W. O'Malley, »The Discovery of America and Reform Thought at the Papal Court in the Early Cinquecento,« in *First Images of America*, hg. von Fredi Chiappelli, Berkeley 1976, I, 185-200; ferner sein Aufsatz »Fulfillment of the Christian Golden

Age under Pope Julius II: Text of a Discourse of Giles of Vetebo, 1507,« in *Traditio*, XXV (1969), 265-338.

12 Siehe Jean Delumeau, *L'Alun de Rome, XV-XIX siècle*, Paris 1962, Teil 3.

13 Mit Ausnahme von Cremona, das von Mailand gehalten wurden und zwei kleinen Orten am Isonzo, die Maximilian erhielt.

14 Zur Neigung der Venezianer, ihre Vergangenheit zu mythisieren, siehe meinen Aufsatz »Venetian Diplomacy Before Pavia: From Reality to Myth,« in *History: Choice and Commitment*, 295-321.

REGISTER